I TRASPORTI 90 - 98

90 i trasporti via terra
96 i trasporti via aria
97 i trasporti via acqua

LE COMUNICAZIONI 99 - 108

99 la stampa
101 la registrazione, la trasmissione e la diffusione del suono
102 le telecomunicazioni
106 la fotografia
108 l'informatica

LE ATTIVITÀ RICREATIVE 120 - 122

120 il gioco
122 i giochi di società

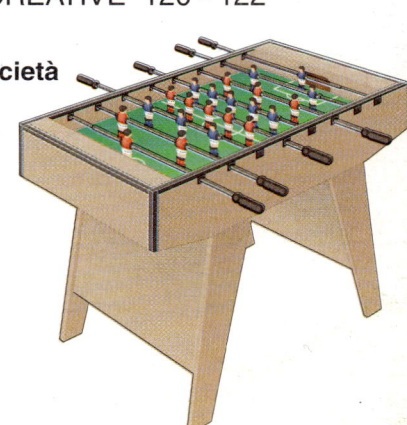

L'ARTE 109 - 119

109 la musica
112 la pittura
114 la scultura
116 il teatro
117 il cinema
117 il circo

Progetto:
Tullio De Mauro, Angela Cattaneo

Consulenza didattica:
Elio D'Aniello, Gisella Moroni

Consulenza iconografica:
Francesca Salvadori

Coordinamento generale:
Roberta Formento, Chiara Simonetti

Progetto grafico, disegni, impostazione e realizzazione elettronica:
Essegi, Torino

Stampa:
Pozzo Gros Monti, Moncalieri, Torino

I diritti di traduzione, di memorizzazione elettronica, di riproduzione
e di adattamento totale o parziale con qualsiasi mezzo, sono riservati per tutti i paesi.

G.B. Paravia & C. S.p.A.
10139 Torino - Corso Trapani 16
http://www.paravia.it

Proprietà letteraria, artistica e scientifica
© 1996, Paravia, Torino
Seconda edizione © 1998, Paravia, Torino

Si ritengono contraffatte le copie non firmate
o non munite del contrassegno della S.I.A.E.

Seconda edizione

0 1 2 3 4 5 6 7 8   98 99 00 01 02 03

PREFAZIONE

Il *dizionario visuale* si propone di costituire uno strumento utile e flessibile nel percorso che ogni ragazzo compie nel consolidare e accrescere il suo patrimonio lessicale per raggiungere un grado di padronanza della lingua tale che gli permetta di esprimersi e di comprendere la realtà.

A tale scopo, la realizzazione è stata guidata da alcune scelte di fondo. La prima, fondamentale, è la decisione di non limitarsi a fornire nomi di oggetti o di parti di oggetti, ma di estendere il campo attraverso associazioni di significato: accanto ai nomi compaiono parole che permettono di creare rapporti, di stabilire connessioni e di avviare frasi e discorsi, e quindi di comunicare. Ecco quindi che compare, dove possibile e utile, l'indicazione delle azioni che si possono compiere con quegli oggetti, in quegli oggetti, in relazione ad essi, così come compaiono, se utile, gli attori di tali azioni. In tal modo la semplice nomenclatura perde il suo aspetto rigido, di mera informazione, per acquistare dinamicità e flessibilità: fa vedere concrete possibilità di uso dei vocaboli presentati, stimola e favorisce la possibilità di intervenire in maniera personale e creativa nella costruzione della frase e del pensiero.

Per fare un esempio, per sviluppare un uso della lingua pertinente e appropriato, non basta sapere che uno degli attrezzi del falegname è denominato *martello*: si entra in possesso di un'informazione, ma non si innesca alcun processo. Invece nel momento in cui il ragazzo vede richiamato che con il martello si può *conficcare* o *piantare un chiodo* e che si possono così connettere materiali, egli è messo in grado di descrivere con precisione che cosa è possibile fare con quell'attrezzo.

I nomi sono inoltre preceduti dall'articolo determinativo; quando possono sorgere dubbi riguardo al genere del nome trattato (per esempio davanti ai nomi inizianti per vocale con terminazione ambigua oppure con doppio valore, come oasi, atleta, alpinista…) si è fatto ricorso all'articolo indeterminativo o alla segnalazione del genere maschile (m.) o femminile (f.).

Un'altra scelta che sottostà alla realizzazione del dizionario visuale è procedere dando all'intero dizionario una struttura per campi coerenti di significato. Le tavole di nomenclatura non si succedono l'una all'altra in base all'usuale ordine alfabetico, ma sono organizzate secondo un ordine ragionato funzionale a chi, come già il bambino e poi il ragazzo, sia spinto dalla curiosità di conoscere, di verificare e di approfondire.

Le 144 pagine del dizionario visuale sono strutturate intorno a 8 grandi nuclei:
LO SPAZIO E LA TERRA
L'UOMO E IL SUO CORPO
LE COSTRUZIONI
IL LAVORO
I TRASPORTI
LE COMUNICAZIONI
L'ARTE
LE ATTIVITÀ RICREATIVE

Ciascuno di questi grandi nuclei o campi di significati è ulteriormente articolato per sottotemi. Così, per esempio, la sezione riguardante le COMUNICAZIONI, prevede le seguenti tavole:

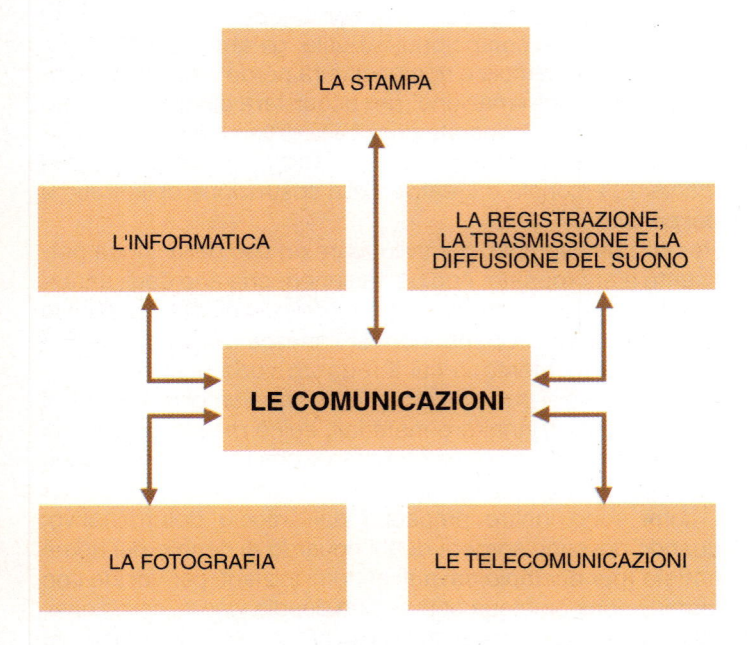

```
                    LA STAMPA
                        ↕
                        
L'INFORMATICA  ←→  LE COMUNICAZIONI  ←→  LA REGISTRAZIONE,
                                          LA TRASMISSIONE E LA
                                          DIFFUSIONE DEL SUONO
                        ↕
                        
    LA FOTOGRAFIA        LE TELECOMUNICAZIONI
```

Tullio De Mauro, Angela Cattaneo

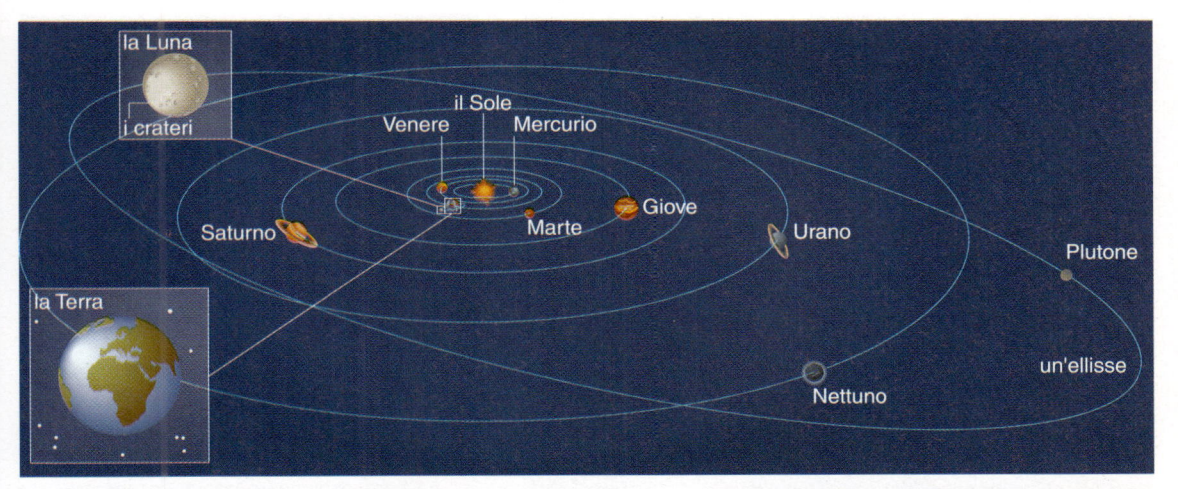

LO SPAZIO E LA TERRA — l'astronomia

la Luna — i crateri
il Sole — Venere — Mercurio
Saturno — Marte — Giove — Urano — Plutone
la Terra — Nettuno — un'ellisse

UN'ECLISSI DI LUNA
il Sole — la Terra — la Luna — l'orbita della Luna

UN'ECLISSI DI SOLE
il Sole — la Luna — la Terra — il cono d'ombra — la penombra — l'orbita della Luna

LE FASI LUNARI
l'ultimo quarto — la Luna calante — la Luna calante — il novilunio — il plenilunio — la Luna crescente — la Luna crescente — il primo quarto

la galassia

la costellazione (l'Orsa Minore) — la Stella Polare

LO SPAZIO E LA TERRA — l'astronomia

la nebulosa

la cometa

IL SOLE, LA LUNA
alzarsi, brillare, calare, illuminare, levarsi, nascere, risplendere, scendere, sorgere, splendere, spuntare, tramontare

il cannocchiale

l'astronomo

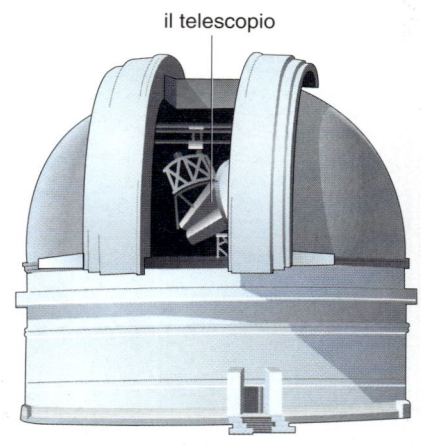

lo specchio   l'antenna

IL RADIOTELESCOPIO

il telescopio

L'OSSERVATORIO ASTRONOMICO

LO SPAZIO E LA TERRA — la meteorologia

LE NUBI

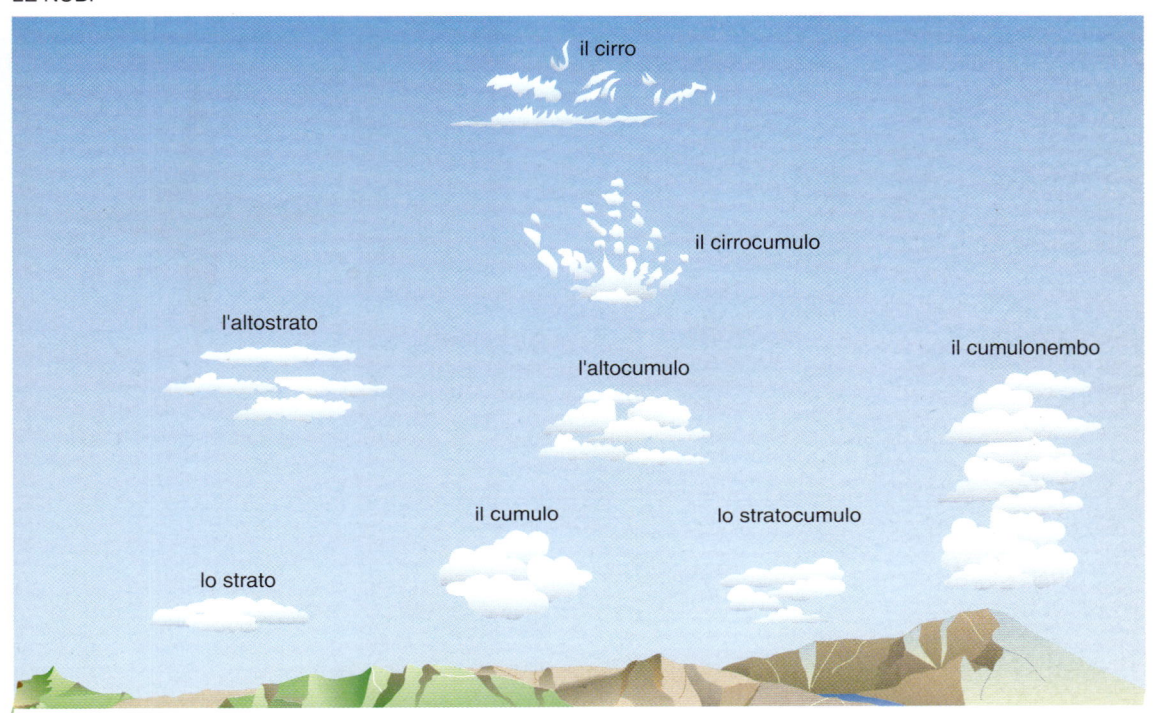

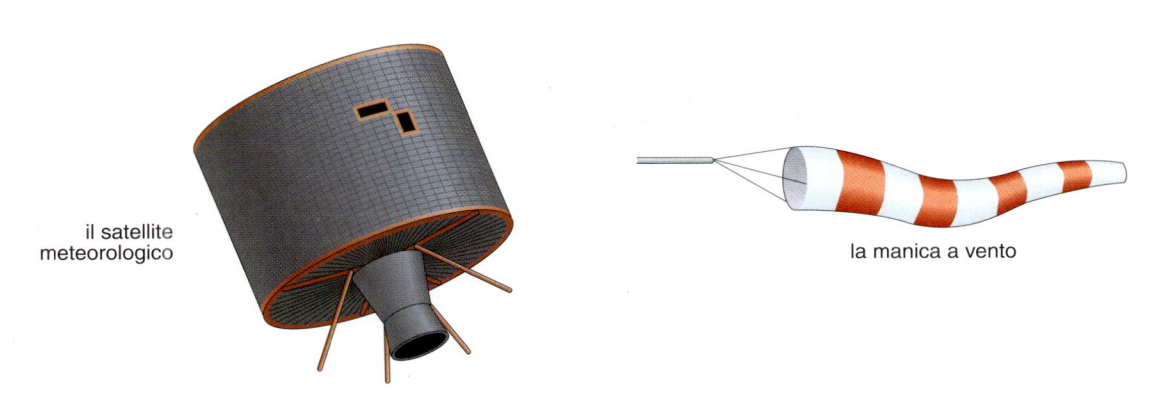

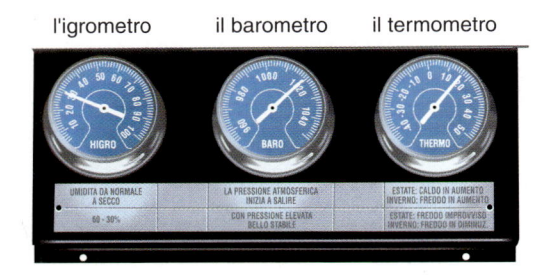

- il cirro
- il cirrocumulo
- l'altostrato
- l'altocumulo
- il cumulonembo
- il cumulo
- lo stratocumulo
- lo strato

il satellite meteorologico

la manica a vento

l'igrometro — il barometro — il termometro

LO SPAZIO E LA TERRA — la meteorologia

I VENTI

LA TRAMONTANA
LA BORA
IL MAESTRALE
IL PONENTE
IL LEVANTE
IL LIBECCIO
LO SCIROCCO

LA ROSA DEI VENTI

Tramontana / Nord
Maestrale / Nord Ovest
Bora / Nord Est
Ponente / Ovest
Levante / Est
Libeccio / Sud Ovest
Scirocco / Sud Est
Austro / Sud

l'anemometro

il pluviografo

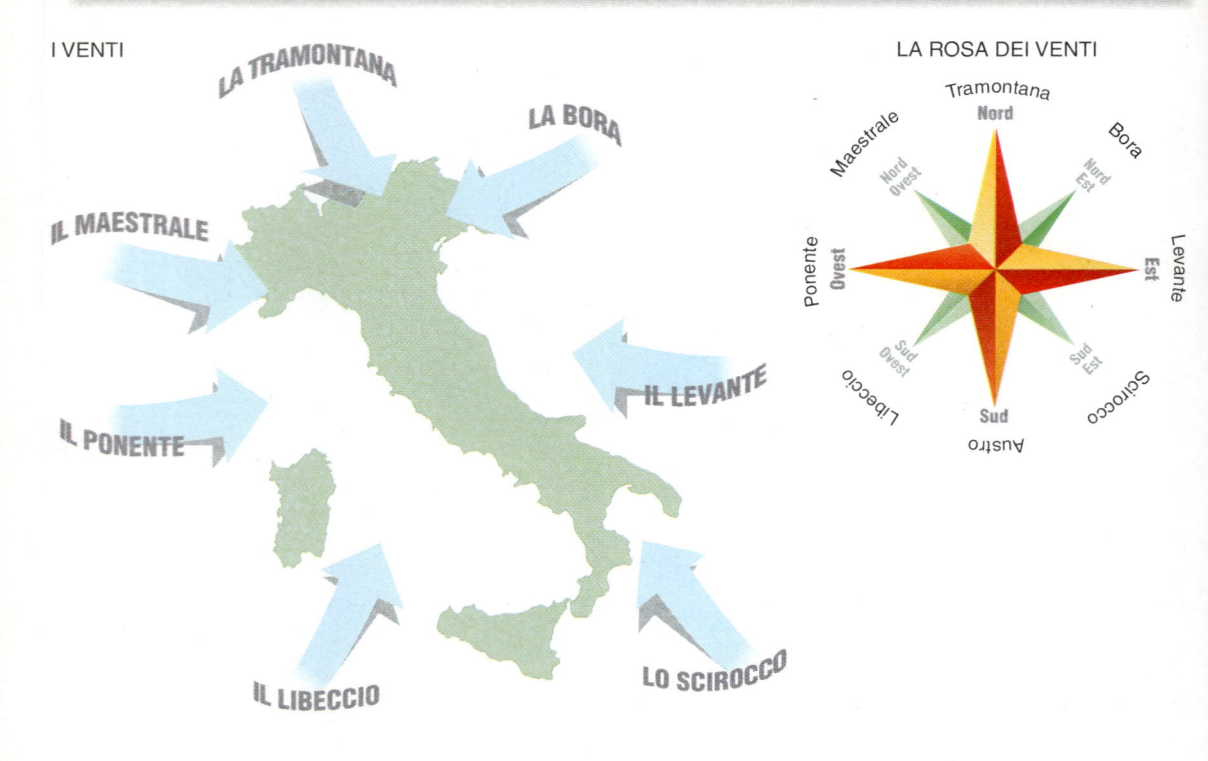

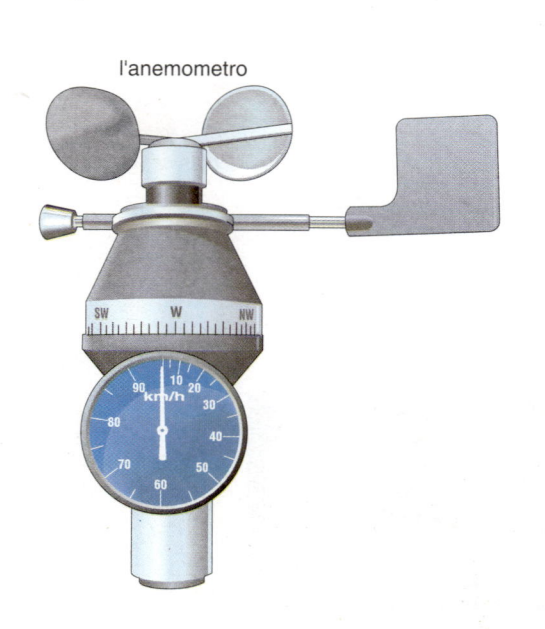

LA METEOROLOGIA

brinare, diluviare, gelare, grandinare, guastarsi, mantenersi, mettersi al bello/ al brutto, nevicare, piovere, rannuvolarsi, rasserenarsi, rimettersi, rinfrescare, rischiararsi, spiovere

LO SPAZIO E LA TERRA — le rocce, le pietre preziose

LE ROCCE

l'argilla

il marmo

la selce

il porfido

il cinabro

il travertino

il quarzo

il granito

la fluorite

lo scisto

LE PIETRE PREZIOSE

l'ametista

il diamante

lo zaffiro

il rubino

il topazio

lo smeraldo

LO SPAZIO E LA TERRA — la miniera

LA CAVA

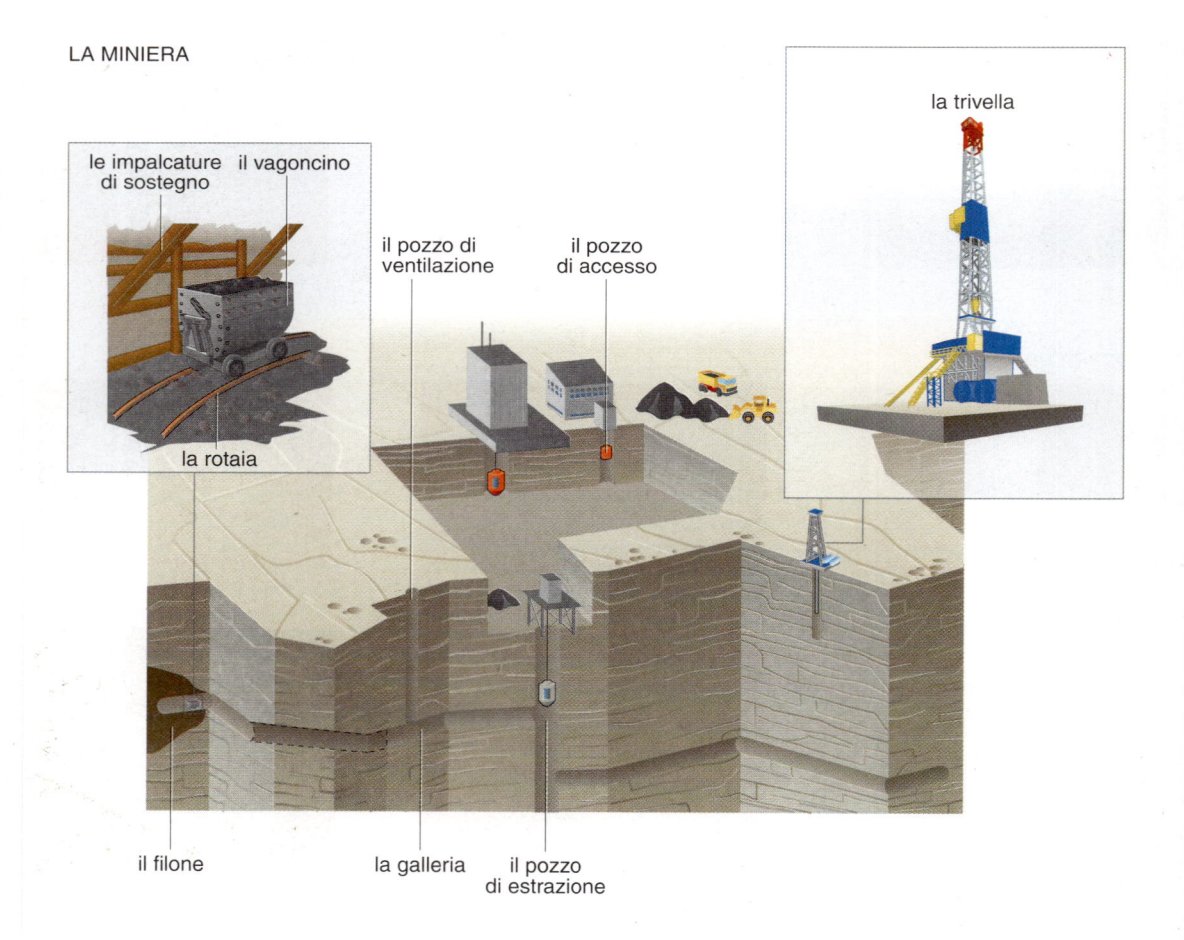

- lo scavo

LA MINIERA

- le impalcature di sostegno
- il vagoncino
- il pozzo di ventilazione
- il pozzo di accesso
- la trivella
- la rotaia
- il filone
- la galleria
- il pozzo di estrazione

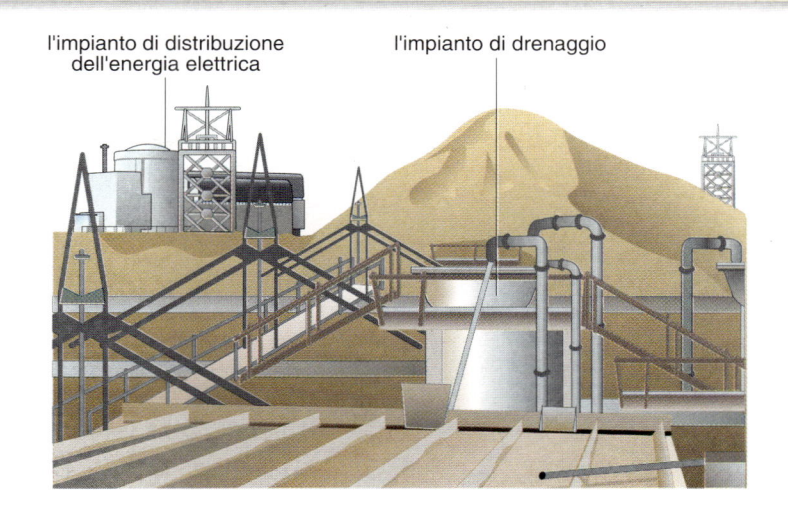

LO SPAZIO E LA TERRA — la miniera

- l'impianto di distribuzione dell'energia elettrica
- l'impianto di drenaggio

- il piccone
- il badile
- lo scalpello
- la lampada
- IL MINATORE
- l'elmetto
- la maschera antipolvere
- il martello perforatore
- il piccone pneumatico

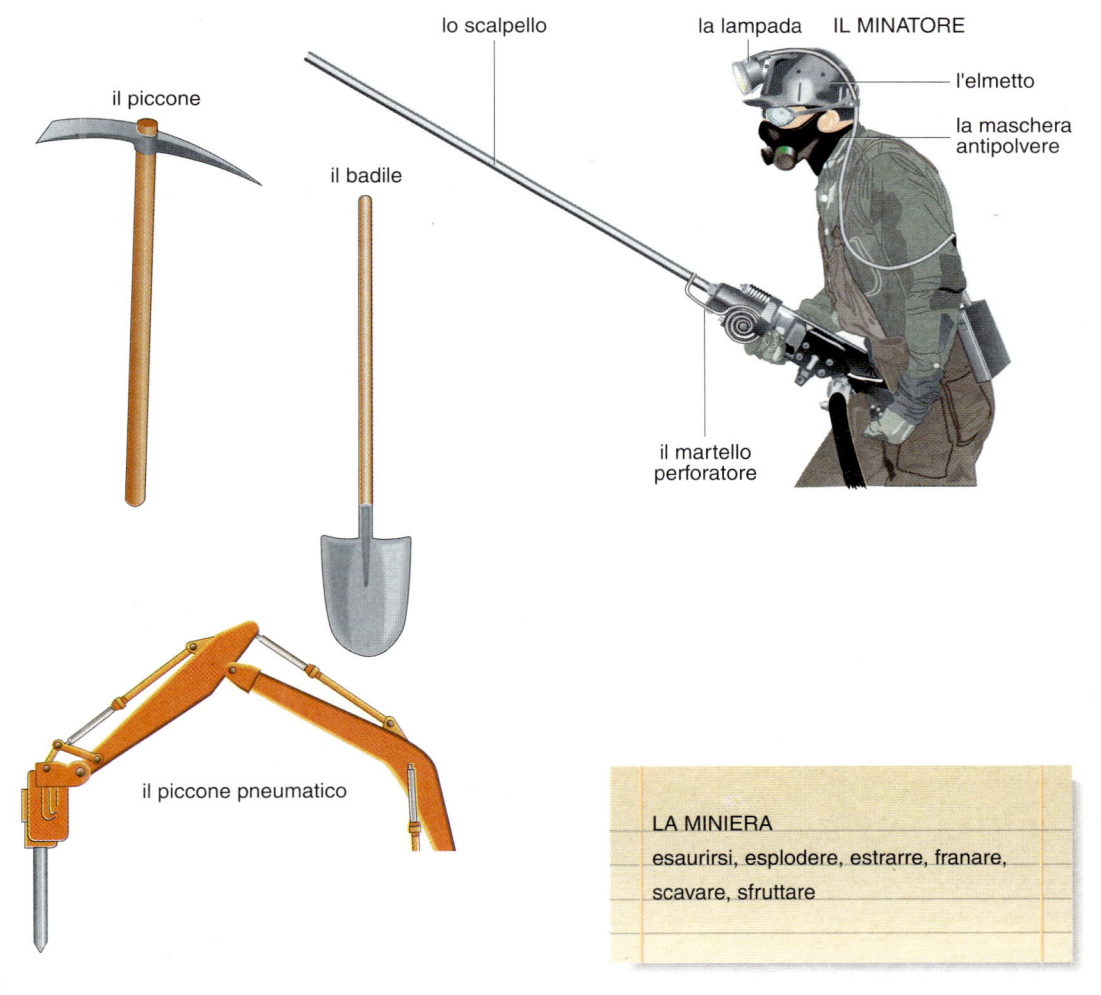

LA MINIERA
esaurirsi, esplodere, estrarre, franare, scavare, sfruttare

LO SPAZIO E LA TERRA — l'energia

LA CENTRALE IDROELETTRICA

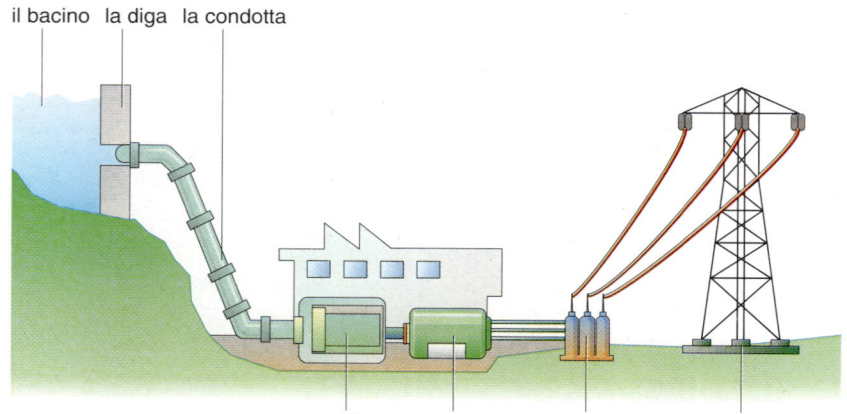

- il bacino
- la diga
- la condotta
- la turbina
- un alternatore
- il trasformatore
- la linea

LA CENTRALE EOLICA

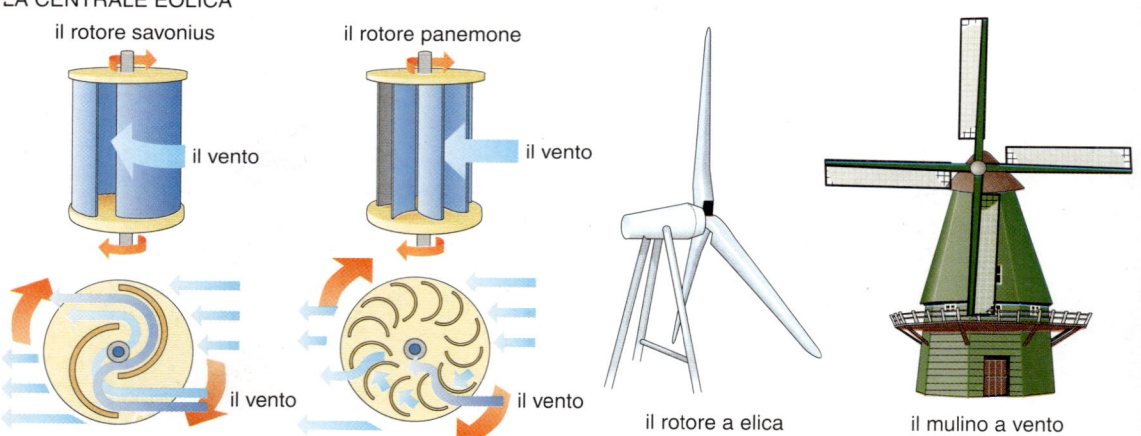

- il rotore savonius
- il rotore panemone
- il vento
- il rotore a elica
- il mulino a vento

LA CENTRALE SOLARE

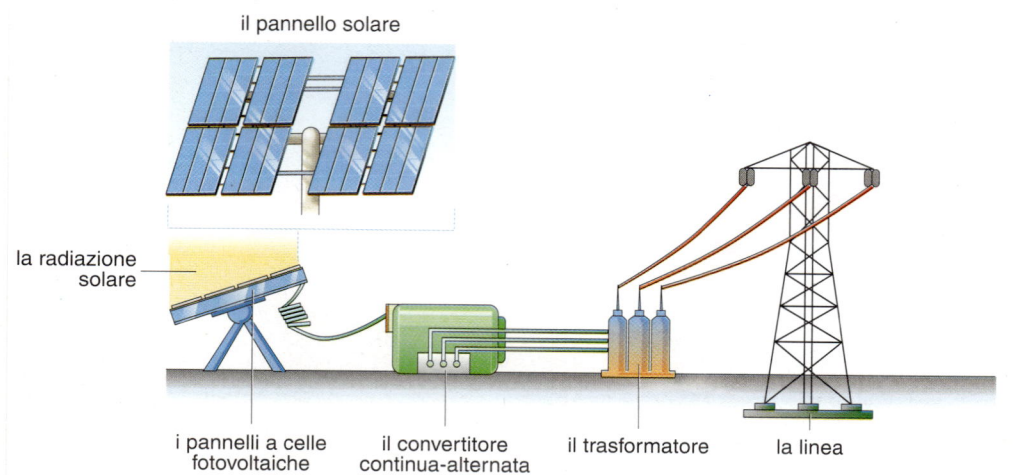

- il pannello solare
- la radiazione solare
- i pannelli a celle fotovoltaiche
- il convertitore continua-alternata
- il trasformatore
- la linea

LO SPAZIO E LA TERRA — l'energia

LA CENTRALE GEOTERMICA

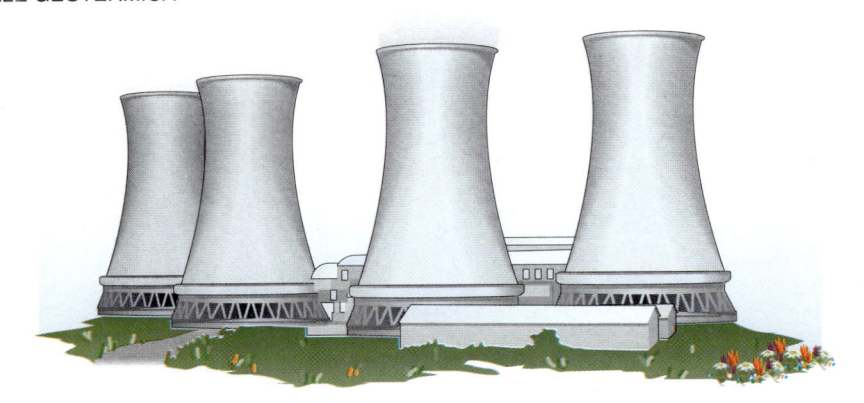

LA CENTRALE TERMOELETTRICA

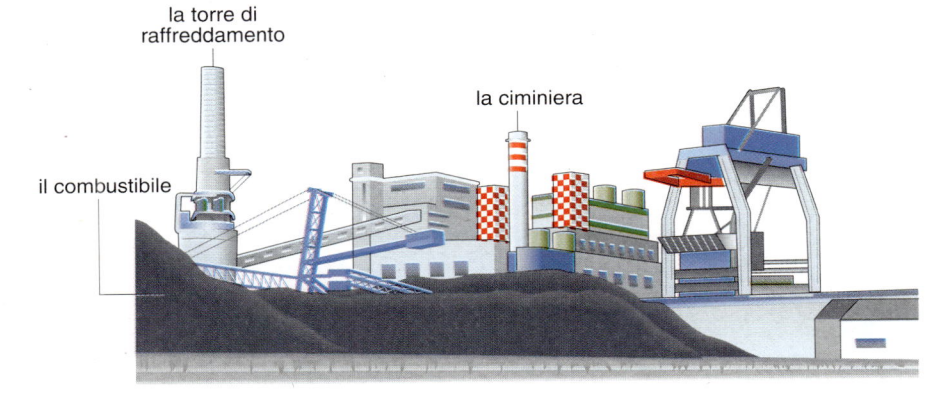

- la torre di raffreddamento
- la ciminiera
- il combustibile

LA CENTRALE TERMONUCLEARE

- la sala di controllo

L'ENERGIA
cedere, consumare, convertire, produrre, ricavare, risparmiare, sfruttare, trasferire

LO SPAZIO E LA TERRA — **l'estrazione del petrolio**

IL POZZO PETROLIFERO

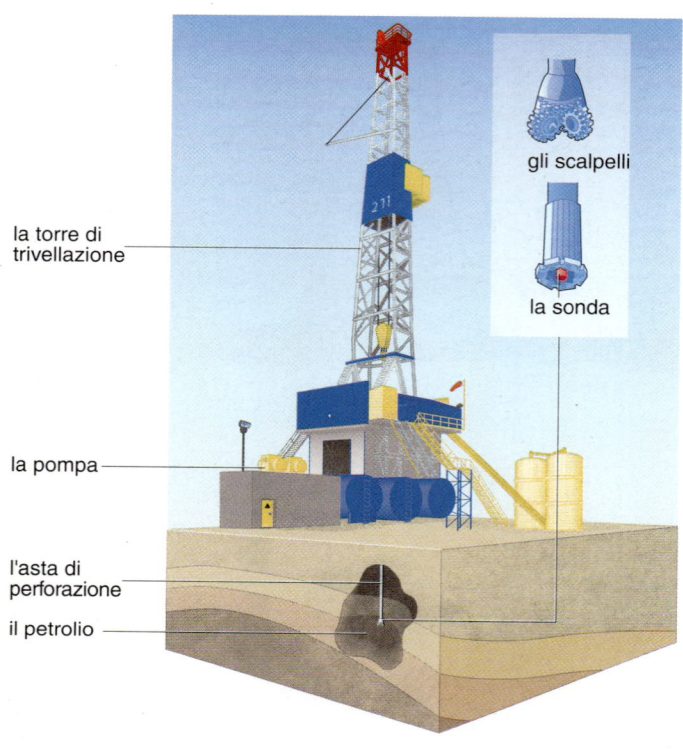

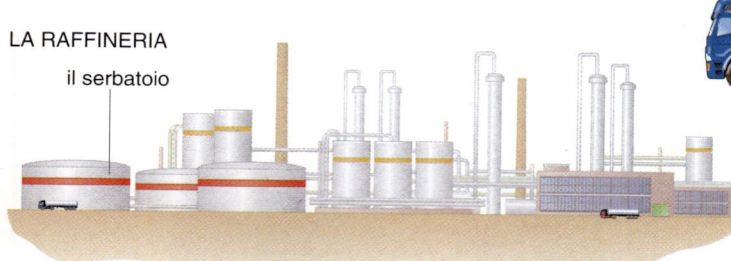

- la torre di trivellazione
- la pompa
- l'asta di perforazione
- il petrolio
- gli scalpelli
- la sonda

la piattaforma di trivellazione sottomarina

- il pilone

LA RAFFINERIA

- il serbatoio

un'autocisterna

L'OLEODOTTO

- il tubo
- il barile
- la petroliera

L'ESTRAZIONE DEL PETROLIO
estrarre, raffinare, trasformare, trasportare, trivellare

LO SPAZIO E LA TERRA — **i paesaggi geografici** - *il mare*

il mare
l'arcipelago
la penisola
la costa frastagliata
l'istmo
il capo
l'isola
la baia
l'insenatura
il promontorio
il faraglione
la costa alta
la laguna
il lido
la costa bassa

IL MARE
agitarsi, bagnare, calmarsi, gonfiarsi, lambire, ondeggiare

lo scoglio
il litorale
la cala
la spiaggia
il golfo

LO SPAZIO E LA TERRA — **i paesaggi geografici**-*la montagna, il fiume*

IL FIUME
affluire, confluire, depositare, erodere, gettarsi, inondare, nascere, sboccare, scaturire, scorrere, sfociare, straripare, tracimare

- la cima o la vetta
- la cresta
- il versante
- la catena
- il massiccio
- il valico
- il nevaio
- il ghiacciaio
- il crepaccio
- la morena
- il canalone
- l'altopiano
- un affluente di destra
- il ruscello
- la valle
- la sorgente
- il torrente
- la cascata
- il fondovalle
- un affluente di sinistra
- la collina
- l'ansa
- il meandro
- l'immissario
- il lago
- la riva
- la pianura
- l'emissario
- l'alveo
- un argine
- la foce a estuario
- la foce a delta

LO SPAZIO E LA TERRA — **gli ambienti naturali**-*i ghiacci e la tundra artica*

1 il tricheco
2 il narvalo
3 l'ermellino
4 l'orso bianco
5 il caribù
6 la lucertola dei ghiacciai
7 i licheni
8 i muschi
9 la civetta delle nevi
10 il pulcinella di mare
11 il lemming
12 la pernice bianca
13 la salamandra
14 la lepre polare
15 un alce
16 la sterna
17 la volpe bianca
18 la renna
19 il bue muschiato
20 la foca

LO SPAZIO E LA TERRA

1 il gracchio alpino
2 la pernice bianca
3 la stella alpina
4 la genziana
5 la soldanella
6 il ranuncolo dei ghiacciai
7 i muschi
8 il camoscio
9 il falco pellegrino
10 il pino mugo
11 i licheni rossi

10 il pino mugo

14

gli ambienti naturali - *le zone alpine d'alta quota*

- la marmotta
- 13 la donnola
- 14 l'aquila
- 15 lo stambecco
- 17 l'arvicola delle nevi
- 18 la vipera
- 16 la lepre bianca
- 20 lo sparviero
- 21 l'ermellino
- 22 il rododendro
- 19 il ginepro

15

LO SPAZIO E LA TERRA

1 il cervo
2 il picchio
3 i funghi
4 l'orso
5 il capriolo
6 il ragno
7 la processionaria
8 l'erica
9 il gallo cedrone

12 il pino silvestre

gli ambienti naturali - *il bosco di conifere*

10 il lupo
11 il mirtillo
12 il pino silvestre
13 un abete rosso
14 lo scoiattolo
15 la nocciolaia
16 il larice
17 la formica
18 il pino cembro
13 un abete rosso
16 il larice

LO SPAZIO E LA TERRA

1 il cervo volante
2 la cinciallegra
3 il gufo
4 lo scoiattolo
5 le felci
6 il tasso
7 la quercia
8 la donnola
9 il fringuello
10 il ghiro
11 l'orso
12 il ciclamino

7 la quercia

gli ambienti naturali - *il bosco di latifoglie*

- 13 il faggio
- 14 il castagno
- 15 un anemone
- 16 la rosa selvatica
- 17 il nocciolo
- 18 il daino
- 19 la volpe
- 20 il barbagianni
- 21 la digitale
- 22 la gazza
- 23 il fungo
- 24 la civetta
- 25 la fragolina

LO SPAZIO E LA TERRA

3 la quercia da sughero
4 il rigogolo
5 il gatto selvatico
6 l'allocco
7 il gruccione
8 il falco pellegrino
9 il leccio
10 il rosmarino
11 il cinghiale
12 la faina
13 il timo
14 il coniglio selvatico
15 l'upupa
16 la cicala
17 il cerambice

1 la palma nana
2 il cipresso
3 la quercia da sughero
9 il leccio

20

gli ambienti naturali - *la macchia mediterranea*

- 18 l'olivo
- 19 il corbezzolo
- 20 la ginestra
- 21 un'agave
- 22 l'erica
- 23 l'orbettino
- 24 un istrice
- 25 l'oleandro
- 26 il pino marittimo
- 27 il cuculo
- 28 l'averla
- 29 l'eucalipto
- 30 la tamerice
- 31 la lavanda
- 32 il lentisco
- 33 l'alloro
- 34 il fico d'India
- 35 il mirto

LO SPAZIO E LA TERRA

1 il loglio
2 il grillotalpa
3 la cavalletta
4 la vespa
5 il cardellino
6 la quaglia
7 la campanula
8 la margherita
9 la primula
10 l'allodola
11 il lombrico
12 il cervo volante
13 la talpa
14 il fiordaliso
15 la farfalla macaone
16 la chiocciola
17 il fagiano
18 il ramarro

gli ambienti naturali - *il prato*

- 19 la pratolina
- 20 la lepre
- 21 la coccinella
- 22 la violetta
- 23 il calabrone
- 24 il papavero
- 25 un'ape
- 26 l'ortica
- 27 il trifoglio
- 28 il riccio
- 29 la mantide religiosa
- 30 lo scarabeo
- 31 la lumaca
- 32 la piantaggine
- 33 il passero
- 34 il grillo
- 35 la lucertola
- 36 il maggiolino
- 37 la formica
- 38 il merlo
- 39 il tarassaco

LO SPAZIO E LA TERRA

1 l'ara
2 il colibrì
3 il bradipo
4 il giaguaro
5 il koala
6 la farfalla
7 le liane

gli ambienti naturali - *la foresta tropicale*

8 l'orchidea
9 la scimmia
10 l'arpia
11 il tucano
12 il quetzal
13 un anaconda
14 il boa
15 il paca
16 il cacatua
17 un ibis rosso
18 il caimano nero
19 il formichiere
20 la tartaruga
21 le felci
22 il ragno
23 la rana dendrobate
24 il coccodrillo
25 l'armadillo
26 la rana

LO SPAZIO E LA TERRA **gli ambienti naturali** - *la savana*

1 un elefante
2 il rinoceronte
3 l'avvoltoio
4 la giraffa
5 lo struzzo
6 lo gnu
7 la zebra
8 un'antilope
9 il leone
10 il ghepardo
11 il leopardo
12 la gazzella impala
13 la iena
14 il babbuino
15 la mangusta
16 la termite
17 l'uccello tessitore
18 l'acacia
19 il baobab

LO SPAZIO E LA TERRA   gli ambienti naturali - *il deserto*

1 la vipera
2 il dromedario
3 il falco lanario
4 il geco
5 il cammello
6 lo scorpione
7 la gazzella
8 il gerbillo
9 la lucertola
10 un orice bianco
11 il topo canguro
12 il fennec
13 la palma da dattero
14 le dune di sabbia
15 un'oasi

27

LO SPAZIO E LA TERRA

1 l'equiseto
2 la nitticora
4 il martin pescatore
6 il merlo acquaiolo
7 il salice
8 il pesce persico
9 il pesce gatto
10 il barbo
11 il salmerino
12 l'anguilla

3 il pioppo
5 le canne
7 il salice

gli ambienti naturali - *il fiume*

13 i germani reali
14 la folaga
15 la tinca
16 il luccio
17 la carpa a specchi
18 il cavedano
19 la trota
20 il temolo

29

LO SPAZIO E LA TERRA

1 il giunco
2 il ranuncolo d'acqua
3 l'avocetta
4 il germano reale
5 la biscia d'acqua
6 il nibbio bruno
7 la mosca
8 la gallinella d'ac[qua]
9 la tartaruga d'acqua
10 la libellula

30

gli ambienti naturali-*lo stagno*

la sanguisuga
12 il tritone
13 l'alzavola
16 il girino
17 la pulce d'acqua
14 la lontra
18 la zanzara
15 la garzetta
19 il falco di palude
20 un airone cinerino
21 la rana verde
23 il salice piangente
22 il canneto

31

LO SPAZIO E LA TERRA

1 il pino marittimo
2 il gabbiano comune
3 la cozza
4 la medusa
5 il cefalo
6 le patelle
7 il granchio
8 la murena
9 il corallo
10 la stella marina
11 l'aragosta
12 il merluzzo
13 la balena
14 il tonno
15 le conchiglie
16
17

gli ambienti naturali - *il mare*

- 6 il polipo
- 17 il pesce spada
- 18 i delfini
- 19 le alghe posidonie
- 20 il riccio
- 21 il gambero
- 22 il paguro
- 23 la sardina
- 24 lo sgombro
- 25 il calamaro
- il pesce luna
- 29 lo squalo
- 30 l'aguglia
- 31 il pesce San Pietro
- 32 il sarago maggiore
- 27 il cavalluccio marino
- 28 la spugna
- 33 il sarago fasciato
- 34 il gabbiano reale
- 35 il cormorano

33

| L'UOMO E IL SUO CORPO | il corpo umano |

IL BAMBINO   LA BAMBINA

- la testa o capo
- il collo
- la spalla
- il torace
- il seno
- il capezzolo
- il braccio
- il gomito
- l'addome (m.)
- l'ombelico
- l'avambraccio
- il bacino
- il polso
- il pube
- la mano
- la coscia
- la gamba
- il ginocchio
- la caviglia
- il piede
- il polpaccio

il tronco — l'arto superiore — lo scroto — il pene — l'arto inferiore

il tronco — l'arto superiore — la vulva — l'arto inferiore

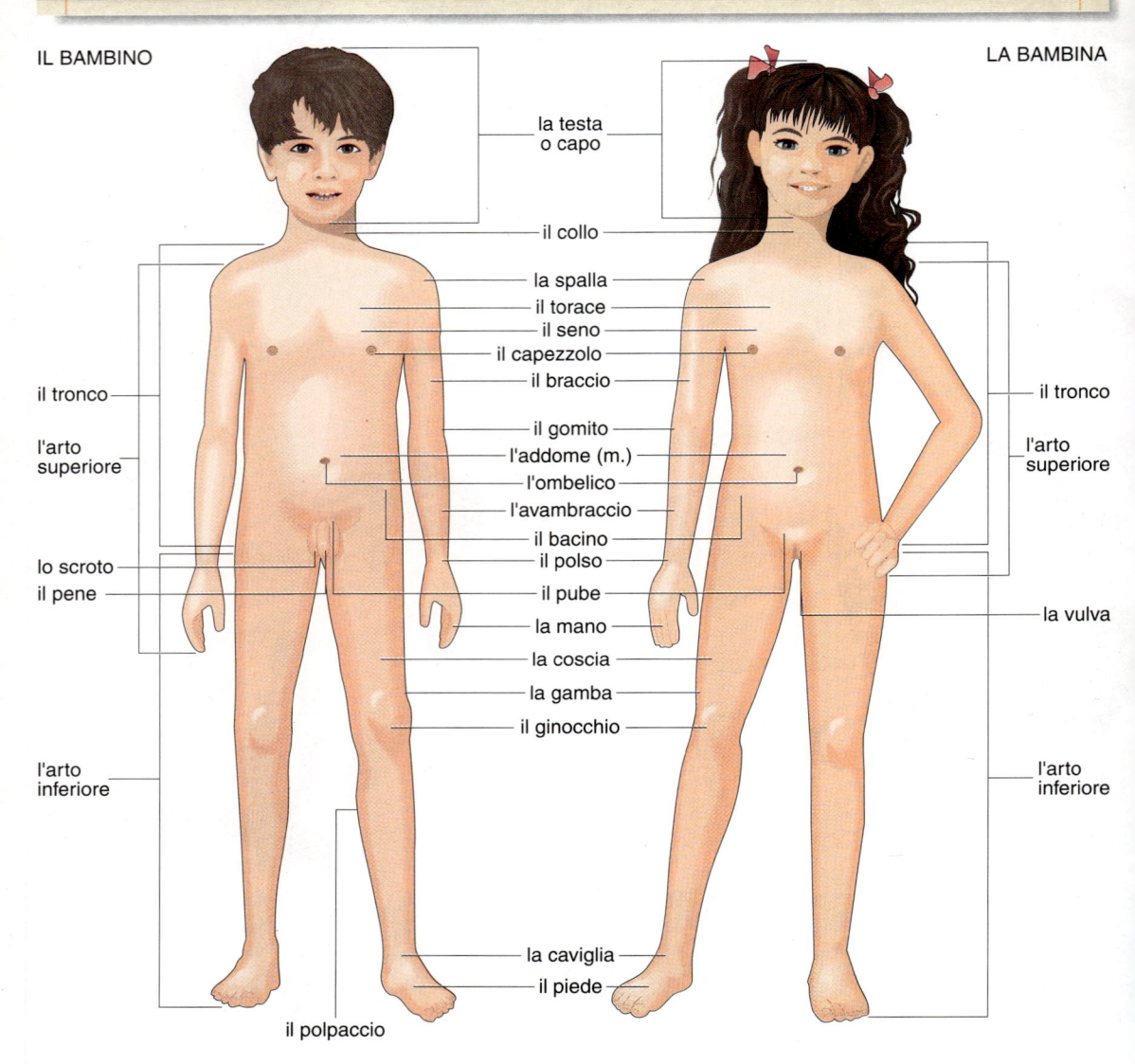

IL CORPO UMANO

LE GAMBE: accavallare, allungare, camminare, correre, flettere, inginocchiarsi, piegare, saltare, saltellare, tendere, trascinare, zoppicare

I PIEDI: appoggiare, camminare, camminare in punta di piedi, incespicare, inciampare, muovere le dita

LE BRACCIA: allargare, flettere, incrociare, piegare, stendere, stiracchiare, stirare

LE MANI: accarezzare, afferrare, allargare le dita, aprire, chiudere, colpire, palpare, premere, prendere, sfiorare, spingere, stringere il pugno, tastare, tenere, toccare

LA TESTA: abbassare, alzare, girare, piegare, reclinare, rovesciare, sollevare, voltare

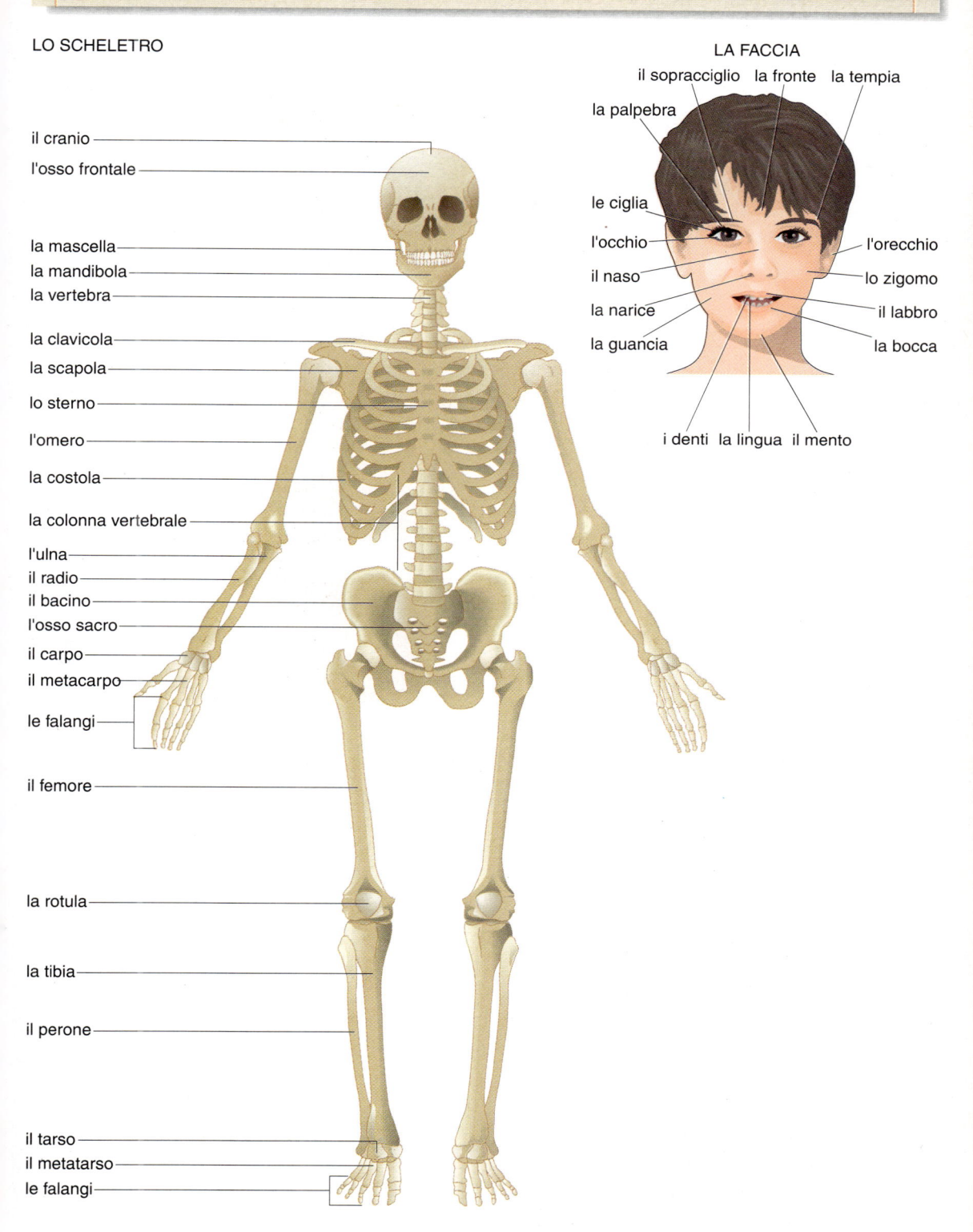

L'UOMO E IL SUO CORPO il corpo umano-*lo scheletro e la faccia*

LO SCHELETRO

il cranio
l'osso frontale

la mascella
la mandibola
la vertebra
la clavicola
la scapola
lo sterno
l'omero
la costola
la colonna vertebrale
l'ulna
il radio
il bacino
l'osso sacro
il carpo
il metacarpo
le falangi

il femore

la rotula

la tibia

il perone

il tarso
il metatarso
le falangi

LA FACCIA

il sopracciglio   la fronte   la tempia
la palpebra
le ciglia
l'occhio   l'orecchio
il naso   lo zigomo
la narice   il labbro
la guancia   la bocca

i denti   la lingua   il mento

L'UOMO E IL SUO CORPO

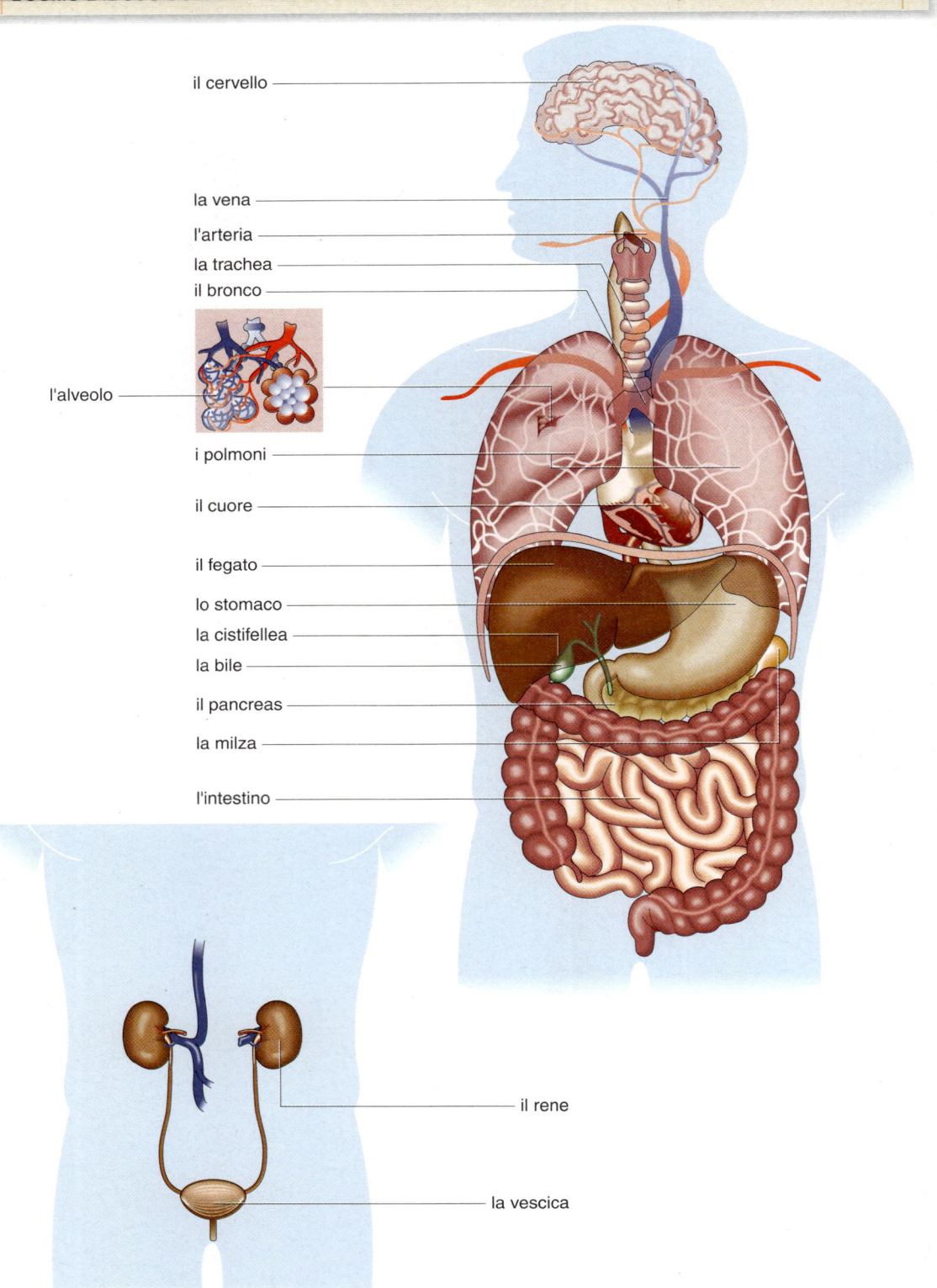

il corpo umano - gli organi interni

- il cervello
- la vena
- l'arteria
- la trachea
- il bronco
- l'alveolo
- i polmoni
- il cuore
- il fegato
- lo stomaco
- la cistifellea
- la bile
- il pancreas
- la milza
- l'intestino
- il rene
- la vescica

L'UOMO E IL SUO CORPO

il corpo umano - *gli organi di senso*

L'OLFATTO
- la mucosa olfattiva
- le cellule olfattive
- la conca nasale

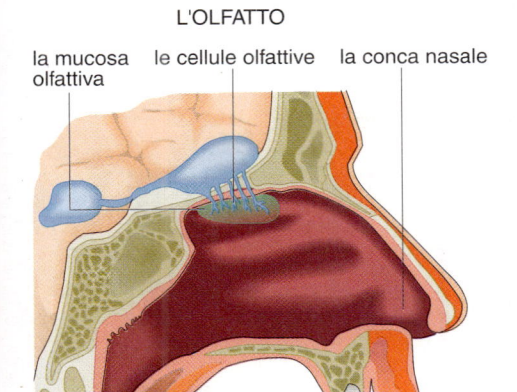

IL TATTO
- i corpuscoli sensitivi termici
- i corpuscoli sensitivi tattili
- i corpuscoli sensitivi dolorifici
- il derma

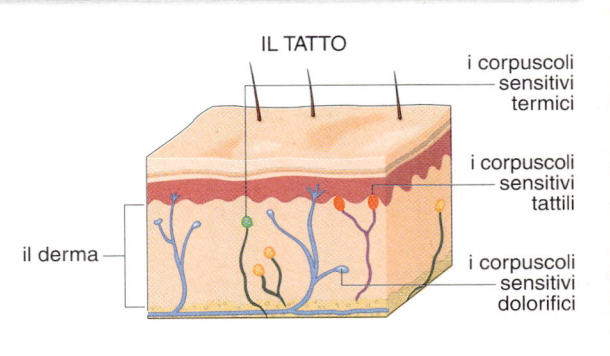

IL GUSTO
- le grandi papille
- le piccole papille
- la lingua
- acido
- dolce
- amaro
- salato

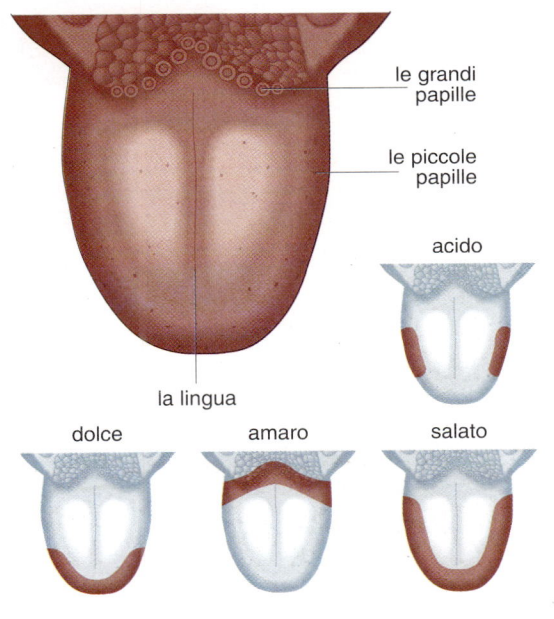

L'UDITO

L'ORECCHIO ESTERNO
- il padiglione auricolare
- il condotto uditivo

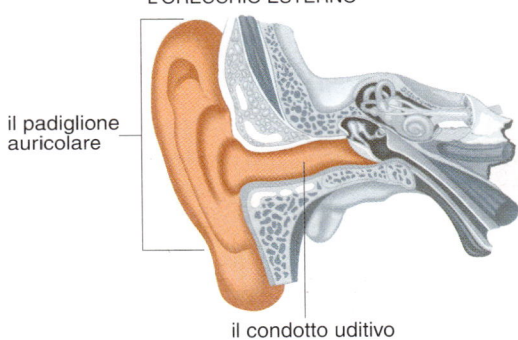

L'ORECCHIO MEDIO
- la staffa
- l'incudine (f.)
- il martello
- il timpano
- la membrana del timpano
- la tromba di Eustachio

LA VISTA
- il cristallino
- la cornea
- la pupilla
- l'iride (f.)
- la sclera
- la retina
- il nervo ottico

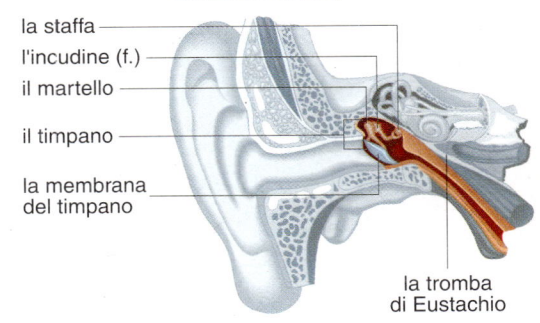

L'ORECCHIO INTERNO
- il nervo acustico 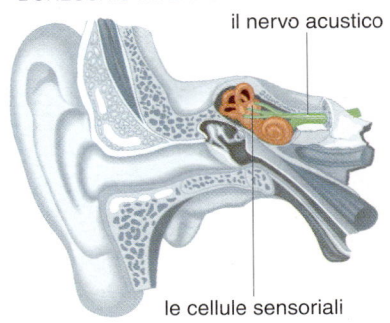
- le cellule sensoriali

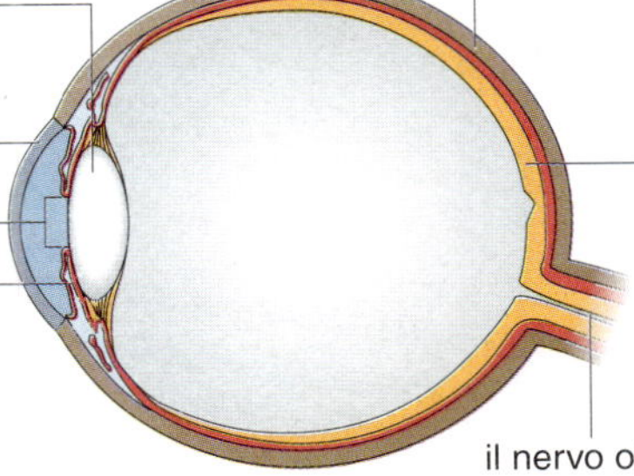

L'UOMO E IL SUO CORPO — **la palestra**

GLI ATTREZZI

- la spalliera
- la sbarra orizzontale
- il cavallo
- il plinto
- la cavallina
- il bilanciere
- i pesi
- i manubri
- il vogatore
- la sbarra
- le parallele

L'UOMO E IL SUO CORPO **la palestra**

la trave

il quadro svedese — la pertica — le funi

i materassi

i bastoni

i cerchi

un estensore

la cyclette

gli anelli

la pedana elastica

la corda

LA PALESTRA
acquistare/perdere vigore, addestrare,
addestrarsi, allenare, allenarsi,
arrampicarsi, esercitarsi, fare esercizio,
pedalare, riscaldarsi, saltare, saltellare,
sciogliere i muscoli, sollevare i pesi,
stare in equilibrio, tenersi in esercizio

L'UOMO E IL SUO CORPO **lo sport**-*l'alpinismo*

lo zaino

la scarpetta da arrampicata

lo scarpone

UN/UN'ALPINISTA

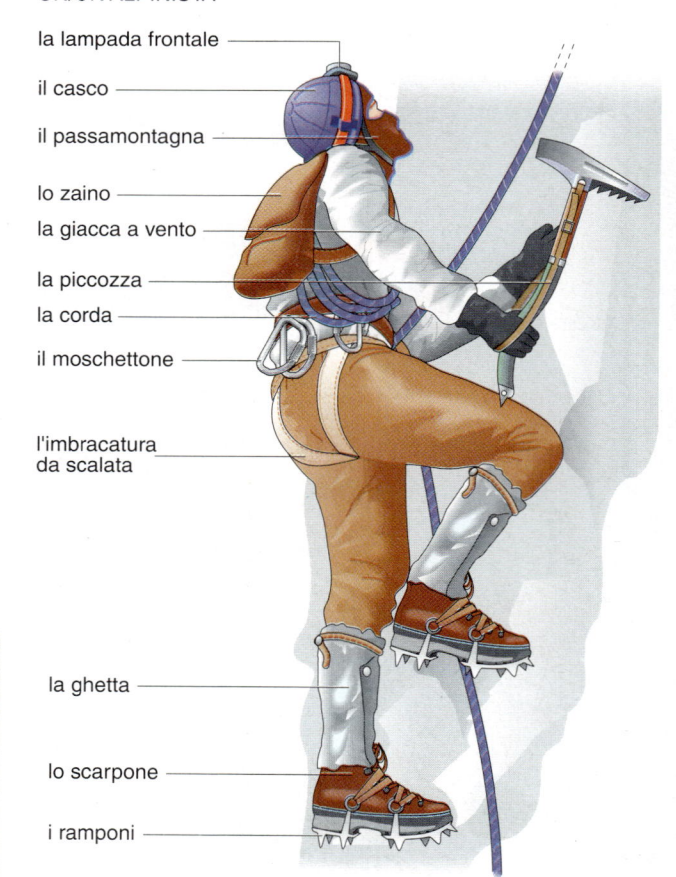

- la lampada frontale
- il casco
- il passamontagna
- lo zaino
- la giacca a vento
- la piccozza
- la corda
- il moschettone
- l'imbracatura da scalata
- la ghetta
- lo scarpone
- i ramponi

il chiodo da roccia

L'ALPINISMO

aprire/attrezzare una via, arrampicarsi, raggiungere la cima, scalare, scendere in corda doppia, tenersi in quota, traversare

L'UOMO E IL SUO CORPO — **lo sport**-*l'atletica*

LO STADIO

- la pista per la corsa
- il salto con l'asta
- il salto in alto
- la corsia
- il lancio del disco
- la pista di rincorsa
- il lancio del giavellotto
- il lancio del peso
- il lancio del martello
- la pedana di lancio
- la gabbia di protezione
- la zona di caduta
- la linea di partenza
- la pista di rincorsa
- l'area di atterraggio
- il traguardo

IL SALTO CON L'ASTA

- l'asticella
- la zona di caduta
- la cassetta d'imbucaggio
- la pedana di stacco

IL SALTO IN ALTO

- l'asticella
- la zona di caduta

i pesi

I LANCIATORI

- il martello
- il giavellotto

l'ostacolo

UN/UN'ATLETA

- il numero
- la maglietta
- i pantaloncini
- la scarpetta

IL BLOCCO DI PARTENZA

- la linea di partenza
- il blocco

L'ATLETICA

battere, cambiare andatura, correre, doppiare, gareggiare, gettare, lanciare, partire, passare in testa, saltare, scattare, superare un ostacolo, tagliare il traguardo, vincere

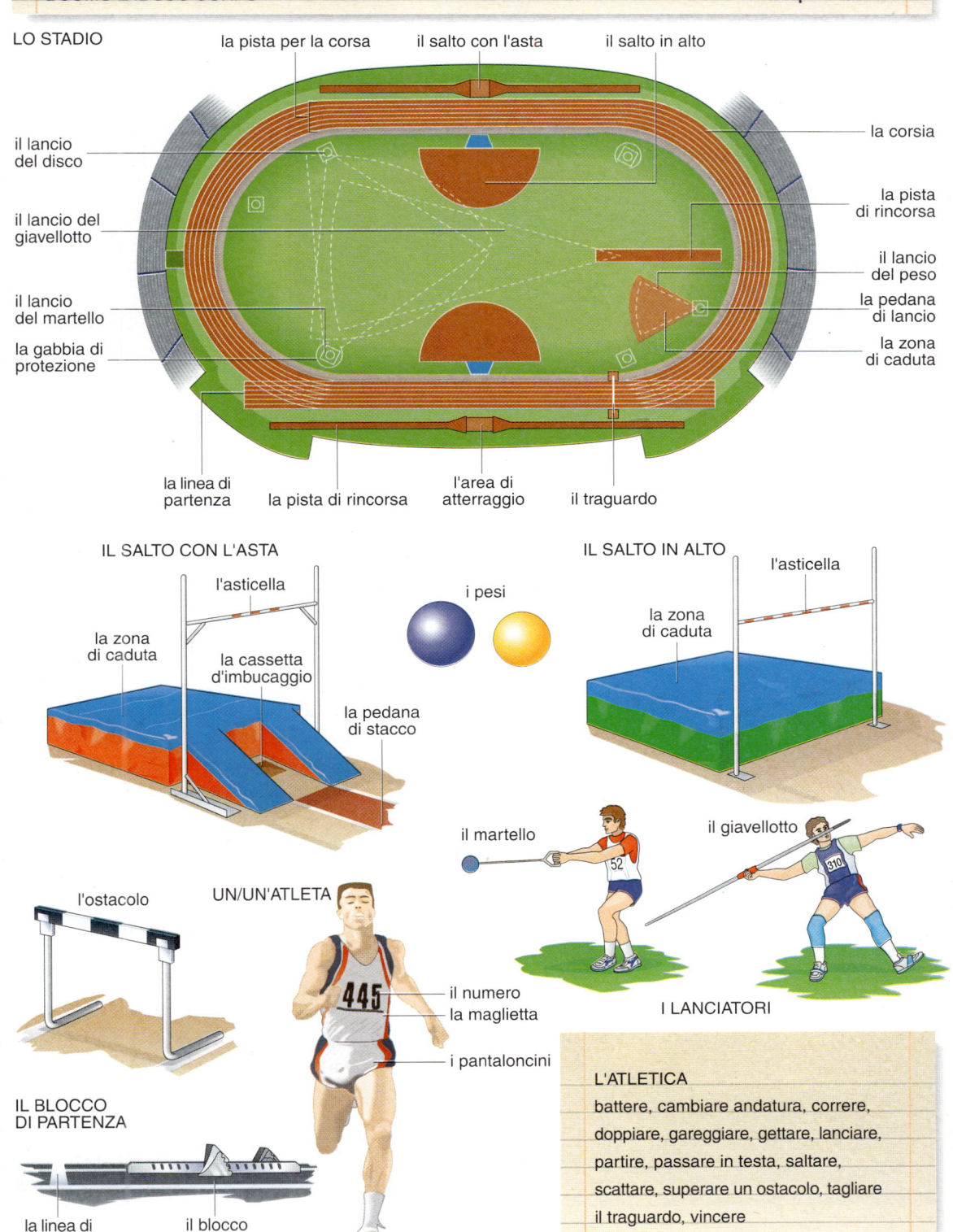

L'UOMO E IL SUO CORPO — lo sport - il calcio, il baseball, la pallacanestro

IL CALCIO

- lo stadio
- il corner
- la panchina
- l'arbitro
- il giocatore o il calciatore
- il portiere
- il guardalinee
- i tifosi
- gli spalti
- la tribuna
- la linea di metà campo
- il cerchio di centro campo
- il dischetto del calcio di rigore
- la traversa
- l'area di rigore
- l'area di porta
- il palo
- la rete
- la porta

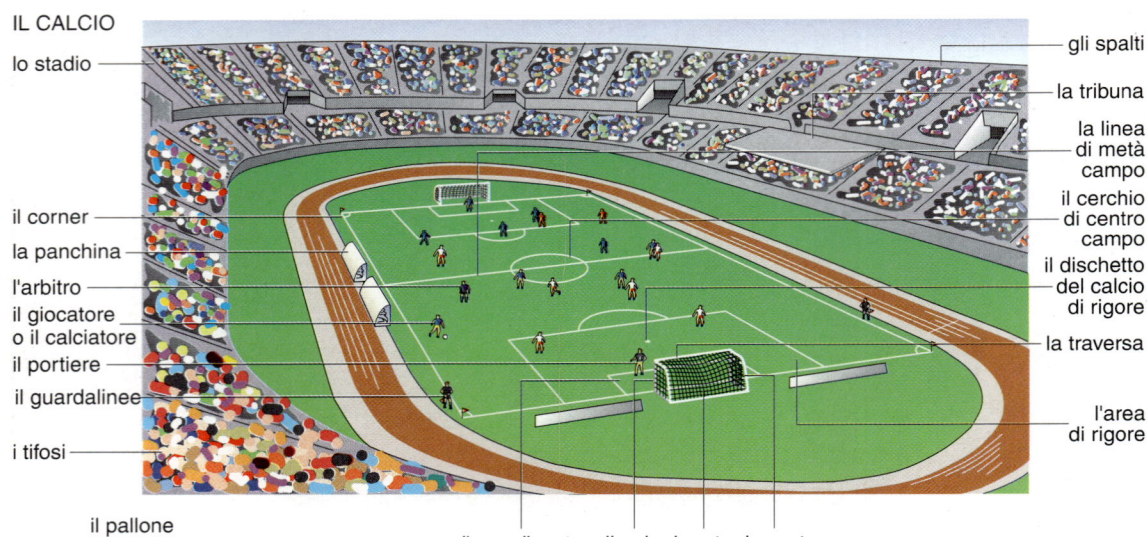

- il pallone
- la scarpetta da calciatore  
- i tacchetti

LA PALLACANESTRO

- il canestro
- lo specchio
- l'anello
- la retina
- il tabellone segnapunti
- il pallone

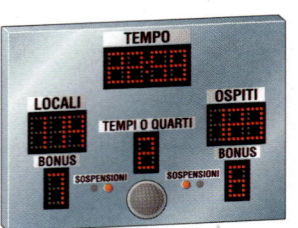

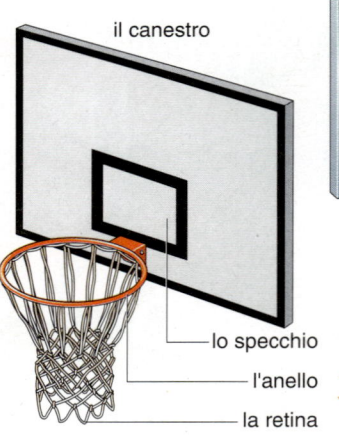

IL BASEBALL

- il guanto
- la mazza
- la palla
- la maschera

IL CALCIO

IL GIOCATORE: andare in rete, attaccare, crossare, dribblare, fare fallo, fare la barriera, marcare, passare la palla, salvarsi in corner, scartare, segnare un goal, tirare in porta

IL PORTIERE: bloccare, parare, respingere, rinviare

L'ARBITRO: ammonire, espellere, fischiare, richiamare, sospendere l'incontro

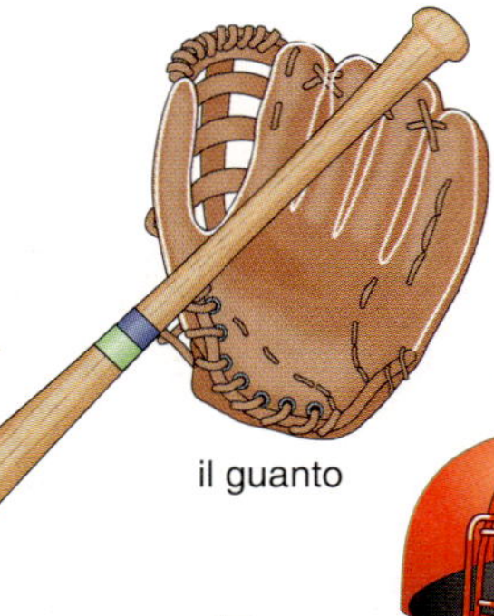

LA PALLACANESTRO

andare a rimbalzo, bloccare, palleggiare, passare, tirare

L'UOMO E IL SUO CORPO — **lo sport**-*l'equitazione*

L'EQUITAZIONE

- il cap
- i guanti
- il frontalino
- il sottogola
- la capezzina
- l'imboccatura
- le redini
- il frustino
- la staffa
- la sella
- il cavallo
- il sottopancia
- lo sperone
- lo stivale

L'OSTACOLO

- la riviera

IL TROTTO

IL GALOPPO

- il casco
- il fantino

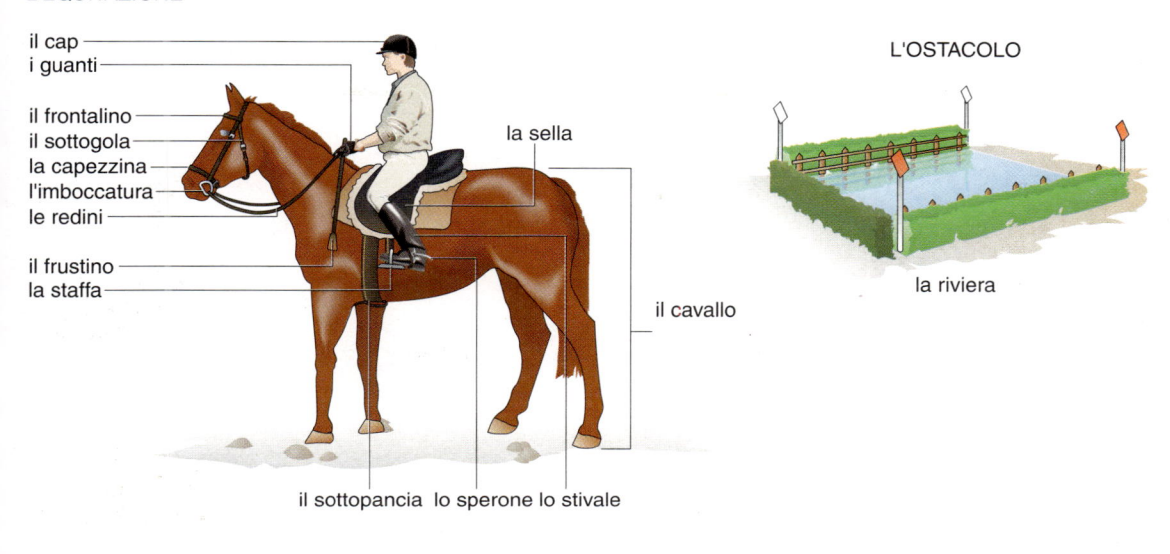

L'EQUITAZIONE

andare al galoppo/al passo/al trotto, cambiare/rompere l'andatura, cavalcare, disarcionare, fermare, galoppare, imbizzarrirsi, incitare, montare, rifiutare/saltare l'ostacolo, scalpitare, sellare, strigliare, trottare

L'UOMO E IL SUO CORPO — **lo sport**-*il golf, il tennis*

IL GOLF

- la palla da golf
- la sacca
- il tee
- la bandiera
- la buca
- il green

I BASTONI (O LE MAZZE) DA GOLF

- il ferro
- il legno
- il putter
- il guanto
- la scarpa da golf
- la scarpa da tennis

IL TENNIS

IL CAMPO DA TENNIS

- il corridoio
- il paletto
- la rete
- la linea di battuta
- la linea di fondo campo

IL TENNIS

battere, colpire la palla, giocare d'anticipo, palleggiare, rispondere, schiacciare, servire, smorzare

- la palla da tennis
- la racchetta da tennis

L'UOMO E IL SUO CORPO — lo sport - il nuoto

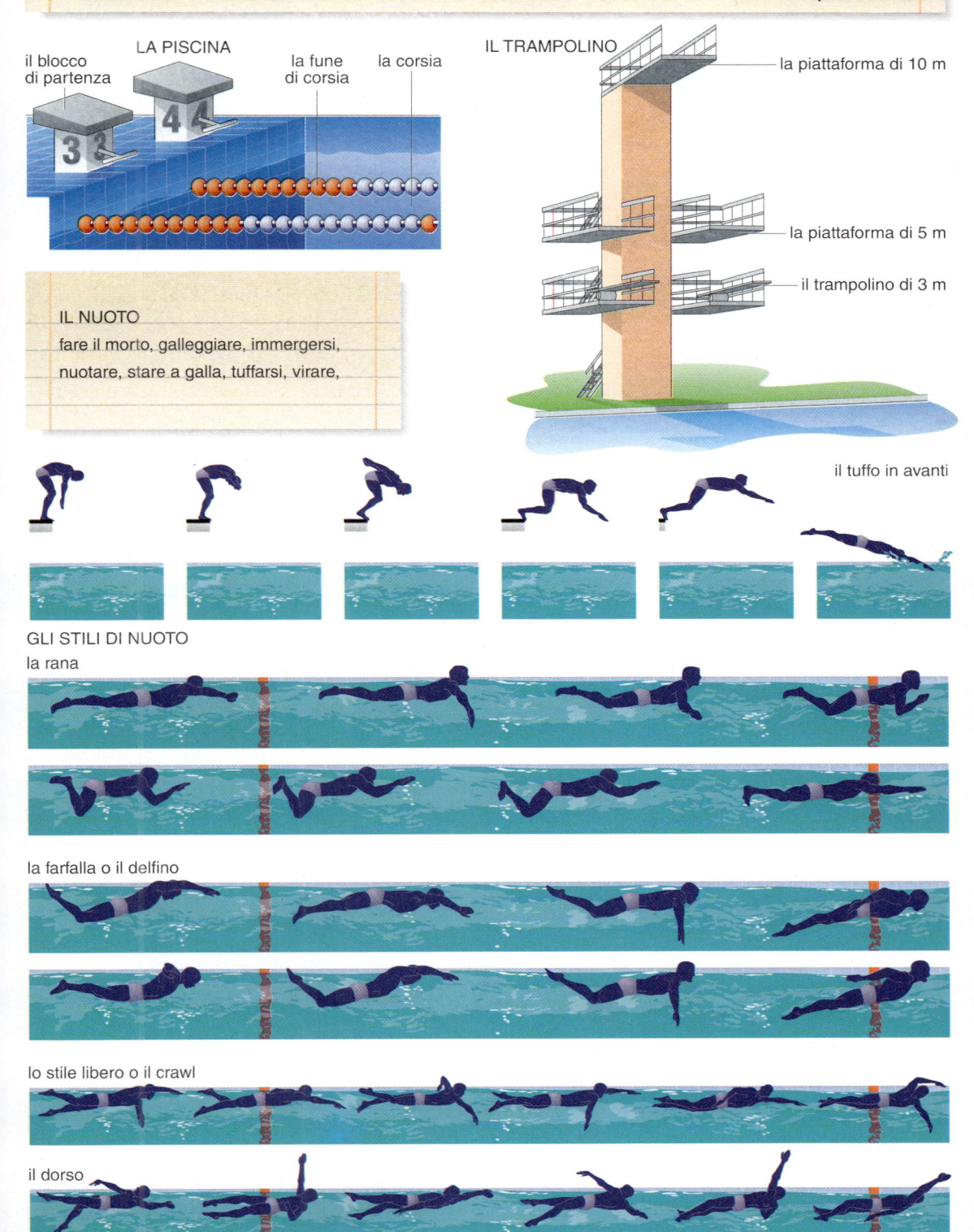

LA PISCINA
- il blocco di partenza
- la fune di corsia
- la corsia

IL TRAMPOLINO
- la piattaforma di 10 m
- la piattaforma di 5 m
- il trampolino di 3 m

IL NUOTO
fare il morto, galleggiare, immergersi, nuotare, stare a galla, tuffarsi, virare,

il tuffo in avanti

GLI STILI DI NUOTO
la rana

la farfalla o il delfino

lo stile libero o il crawl

il dorso

L'UOMO E IL SUO CORPO

lo sport - *lo sci, lo sci di fondo, lo snowboard*

IL/LA FONDISTA

- il guanto
- l'impugnatura
- il bastoncino
- la scarpetta
- lo sci
- l'attacco

lo snowboard

LO SCI
battere/tracciare una pista, caricare/scaricare uno sci, curvare, sciare, uscire di pista

lo scarpone da snowboard

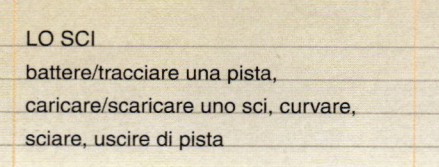

lo scarpone da sci

LO SCIATORE

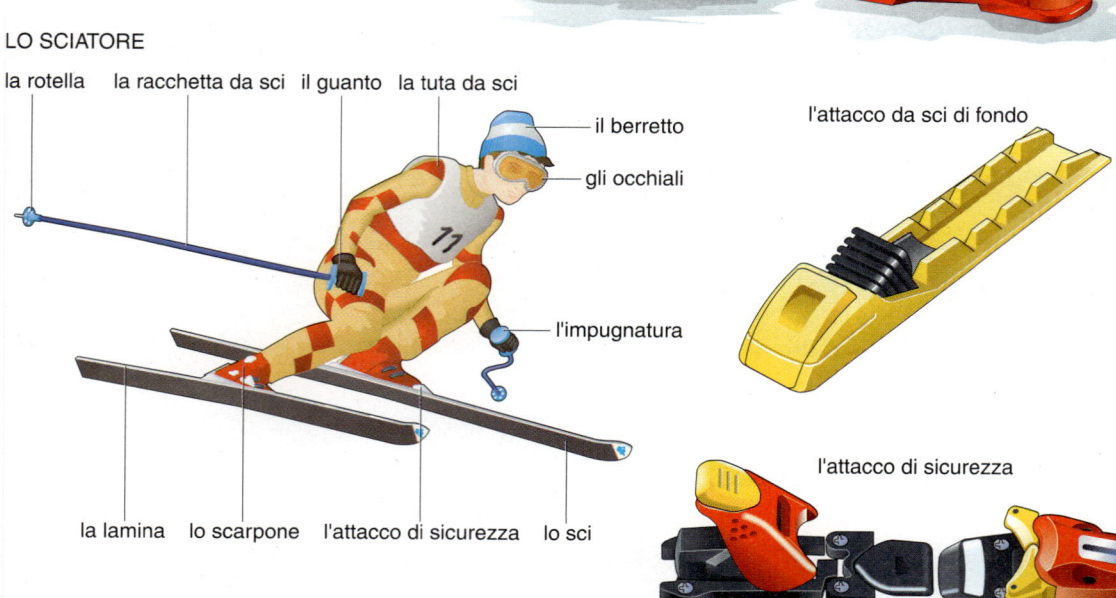

- la rotella
- la racchetta da sci
- il guanto
- la tuta da sci
- il berretto
- gli occhiali
- l'impugnatura
- la lamina
- lo scarpone
- l'attacco di sicurezza
- lo sci

l'attacco da sci di fondo

l'attacco di sicurezza

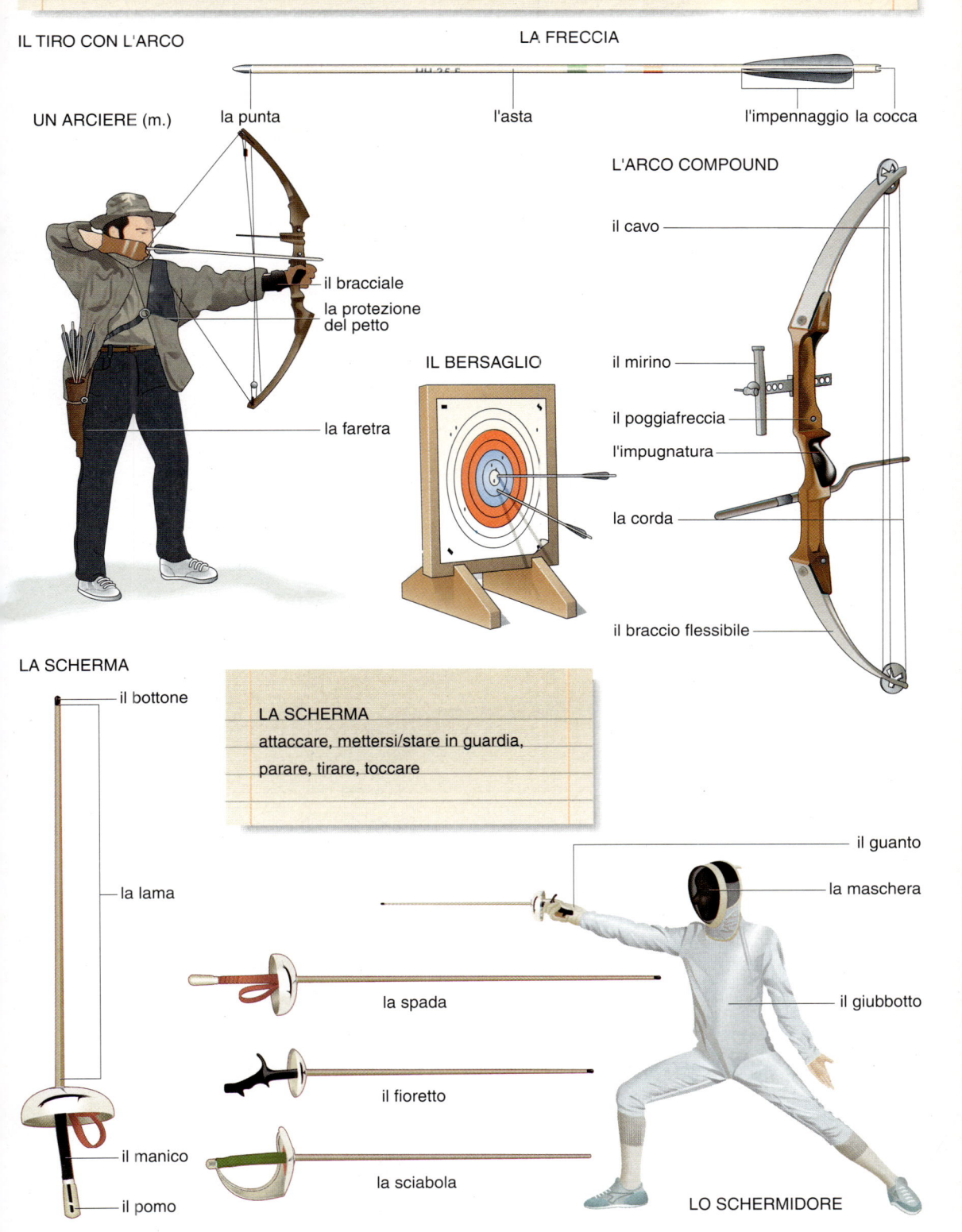

L'UOMO E IL SUO CORPO — **lo sport**-*il tiro con l'arco, la scherma*

IL TIRO CON L'ARCO

LA FRECCIA

- la punta
- l'asta
- l'impennaggio
- la cocca

UN ARCIERE (m.)

- il bracciale
- la protezione del petto
- la faretra

IL BERSAGLIO

L'ARCO COMPOUND

- il cavo
- il mirino
- il poggiafreccia
- l'impugnatura
- la corda
- il braccio flessibile

LA SCHERMA

- il bottone
- la lama
- il manico
- il pomo
- la spada
- il fioretto
- la sciabola

LA SCHERMA
attaccare, mettersi/stare in guardia, parare, tirare, toccare

LO SCHERMIDORE

- il guanto
- la maschera
- il giubbotto

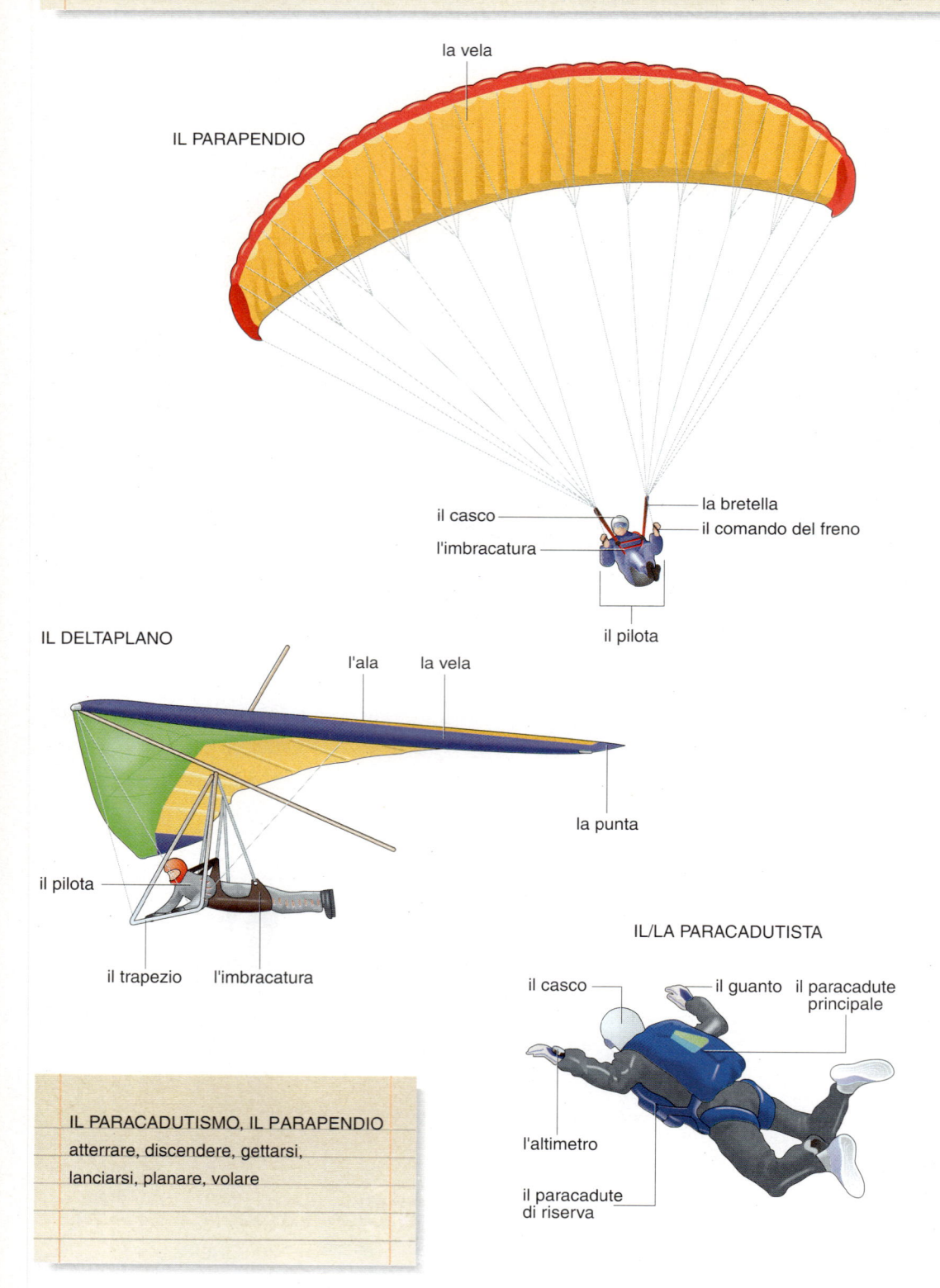

L'UOMO E IL SUO CORPO — lo sport - *il paracadutismo, il parapendio, il deltaplano*

IL PARAPENDIO

- la vela
- il casco
- l'imbracatura
- la bretella
- il comando del freno
- il pilota

IL DELTAPLANO

- l'ala
- la vela
- la punta
- il pilota
- il trapezio
- l'imbracatura

IL/LA PARACADUTISTA

- il casco
- il guanto
- il paracadute principale
- l'altimetro
- il paracadute di riserva

IL PARACADUTISMO, IL PARAPENDIO
atterrare, discendere, gettarsi, lanciarsi, planare, volare

lo sport - *la vela, il windsurf*

IL WINDSURF

- la vela
- l'albero
- il boma
- la cinghia per i piedi
- la poppa
- la tavola
- la prua

LA BARCA A VELA
abbassare/ammainare/alzare/issare/orientare le vele, andare a gonfie vele, andare con il vento in poppa

---

LA BARCA A VELA

- l'albero
- la randa
- le vele
- il fiocco
- le sartie
- il boma
- la barra del timone
- il timone
- la poppa
- la deriva
- lo scafo
- la prua

L'UOMO E IL SUO CORPO | l'abbigliamento

- il giubbotto
- la maglietta
- le bretelle
- il grembiule
- i bermuda
- la salopette
- la felpa
- la giacca a vento
- i jeans
- il vestito
- il berretto
- i calzoni corti
- la camicia da notte
- la maglia
- la canottiera
- i calzettoni
- le scarpe da ginnastica
- il pigiama
- gli slip
- le mutande
- le pantofole
- le calze

L'UOMO E IL SUO CORPO — l'abbigliamento

- il cappello
- il tailleur
- il cappotto
- il fazzoletto
- la giacca
- la pelliccia
- la borsetta
- l'ombrello
- i pantaloni
- l'abito da sera
- il cardigan
- il foulard
- la camicia
- la maglia
- il pullover
- la cintura
- il collant
- lo scialle
- la gonna
- la camicetta
- la calzamaglia

| L'UOMO E IL SUO CORPO | l'abbigliamento |

IL FRAC — la camicia, la cravatta a farfalla, il gilé, il reggicalze, gli slip, le calze

LO SMOKING

la vestaglia

il reggiseno

la sottoveste

LA GIACCA A DOPPIOPETTO — il colletto, il bavero, il nodo, il risvolto, il taschino, la tasca, i polsini, i pantaloni, le scarpe con i lacci (o le stringhe)

LA GIACCA A UN PETTO — la cravatta, la manica, la cintura con la fibbia

il cappello, il cappotto, il maglione

un impermeabile, i guanti

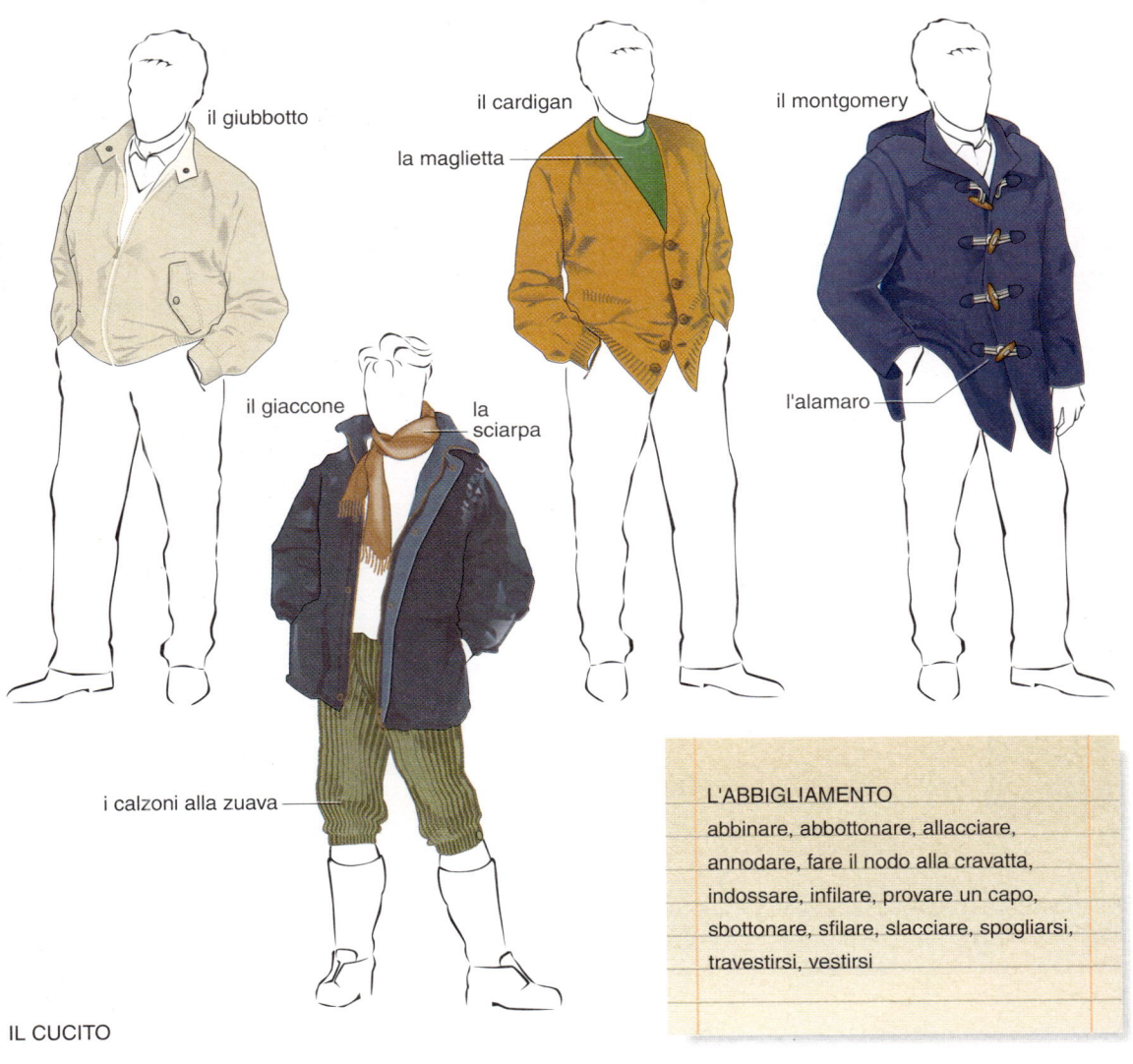

L'UOMO E IL SUO CORPO

l'abbigliamento - *il cucito*

- il giubbotto
- il cardigan
- la maglietta
- il montgomery
- l'alamaro
- il giaccone
- la sciarpa
- i calzoni alla zuava

L'ABBIGLIAMENTO

abbinare, abbottonare, allacciare, annodare, fare il nodo alla cravatta, indossare, infilare, provare un capo, sbottonare, sfilare, slacciare, spogliarsi, travestirsi, vestirsi

IL CUCITO

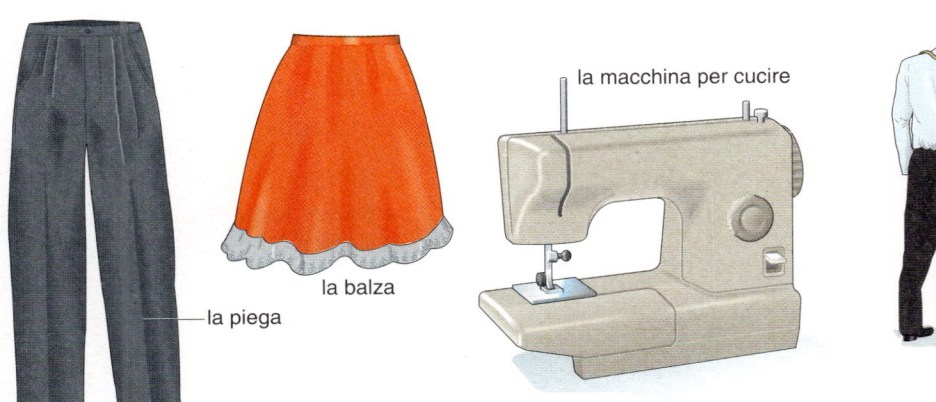

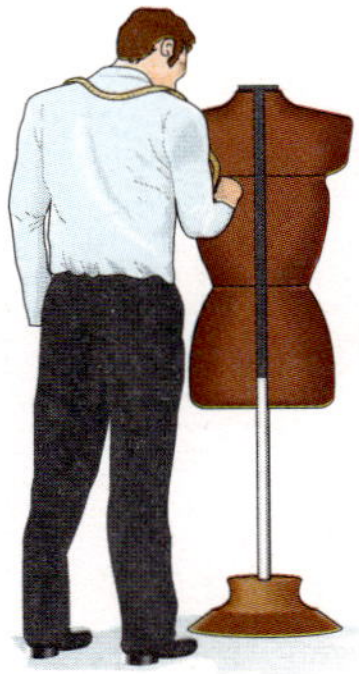

- la piega
- la balza
- la macchina per cucire
- il sarto

L'UOMO E IL SUO CORPO — **l'abbigliamento**-*il cucito*

- il cartamodello
- la spilla di sicurezza
- il puntaspilli
- lo spillo
- la cerniera lampo
- il rocchetto di filo
- il filo
- il ferro da calza
- l'occhiello
- il gancio
- il ditale
- il nastro
- la fettuccia
- le forbici
- il centimetro
- la cruna
- l'ago
- l'agoraio
- la stoffa
- l'orlo
- la cucitura
- il punto

IL CUCITO

accorciare, aggiustare, allargare, allungare, confezionare un abito, cucire, disegnare un modello, imbastire, infilare/sfilare l'ago, rammendare, rattoppare, restringere, ricamare, ricucire, scucire, tagliare

LE COSTRUZIONI — le abitazioni

- lo chalet
- la baita 
- la dacia 
- il trullo 
- il tucul
- la tenda indiana 
- la casa colonica
- la villa 
- la palazzina 
- il palazzo
  - l'attico
  - l'appartamento
- il grattacielo
- le villette a schiera  

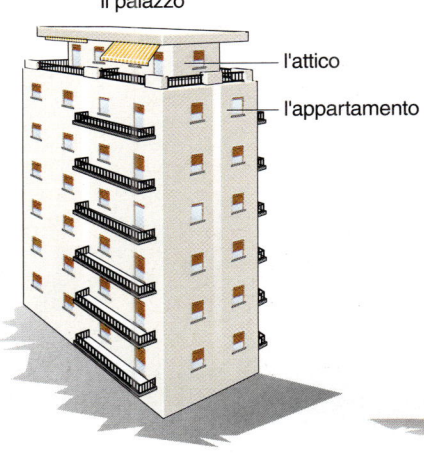

LE ABITAZIONI

abitare, affittare, alloggiare, ammobiliare, arredare, cambiare casa, imbiancare, risiedere, sfrattare, sistemare, sistemarsi, stabilirsi, tinteggiare, trasferirsi, traslocare

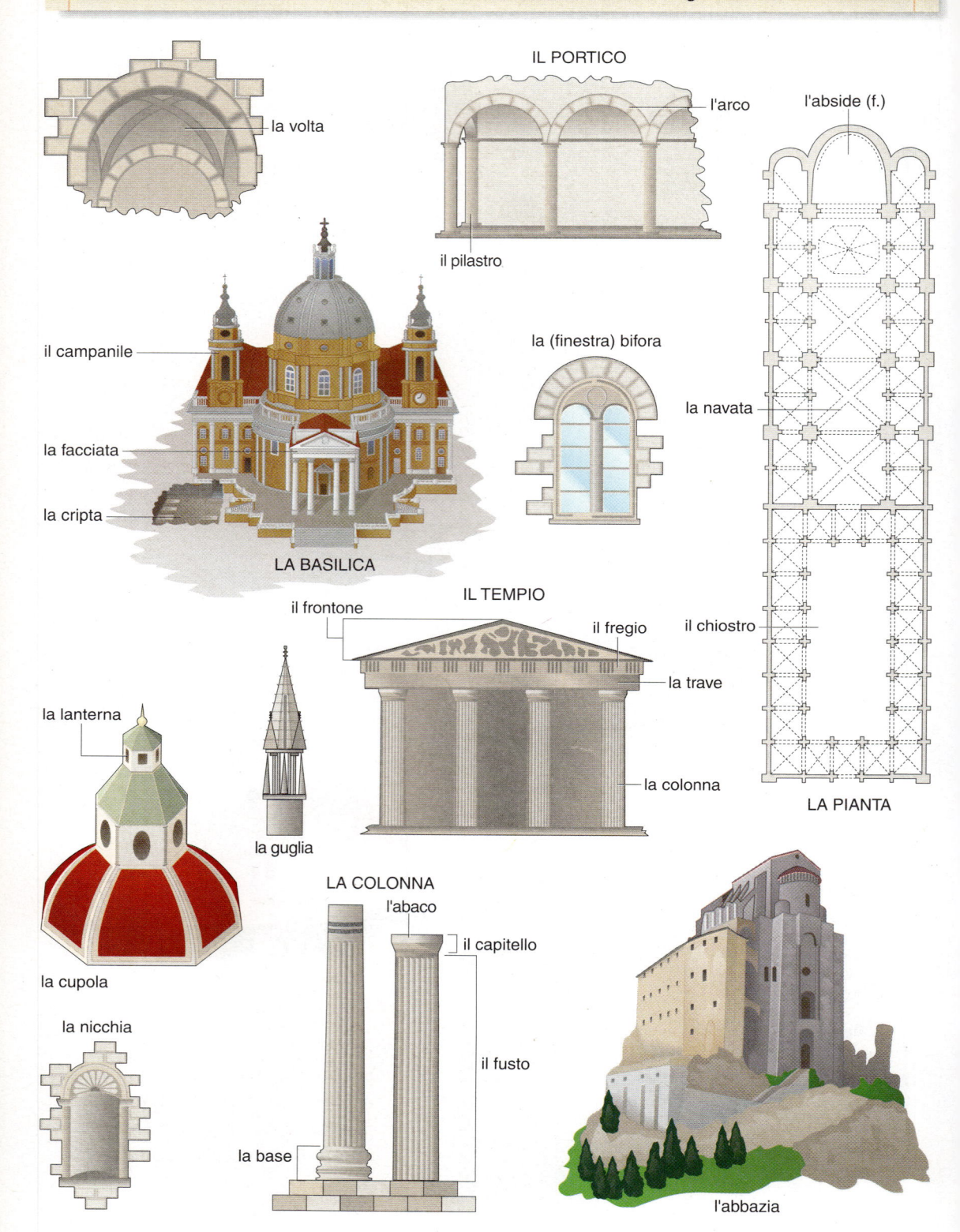

LE COSTRUZIONI

gli elementi dell'architettura

la volta

IL PORTICO
l'arco
il pilastro

l'abside (f.)

il campanile
la facciata
la cripta

LA BASILICA

la (finestra) bifora

la navata

il frontone

IL TEMPIO
il fregio
la trave
la colonna

il chiostro

LA PIANTA

la lanterna

la guglia

la cupola

la nicchia

LA COLONNA
l'abaco
il capitello
il fusto
la base

l'abbazia

LE COSTRUZIONI — la città

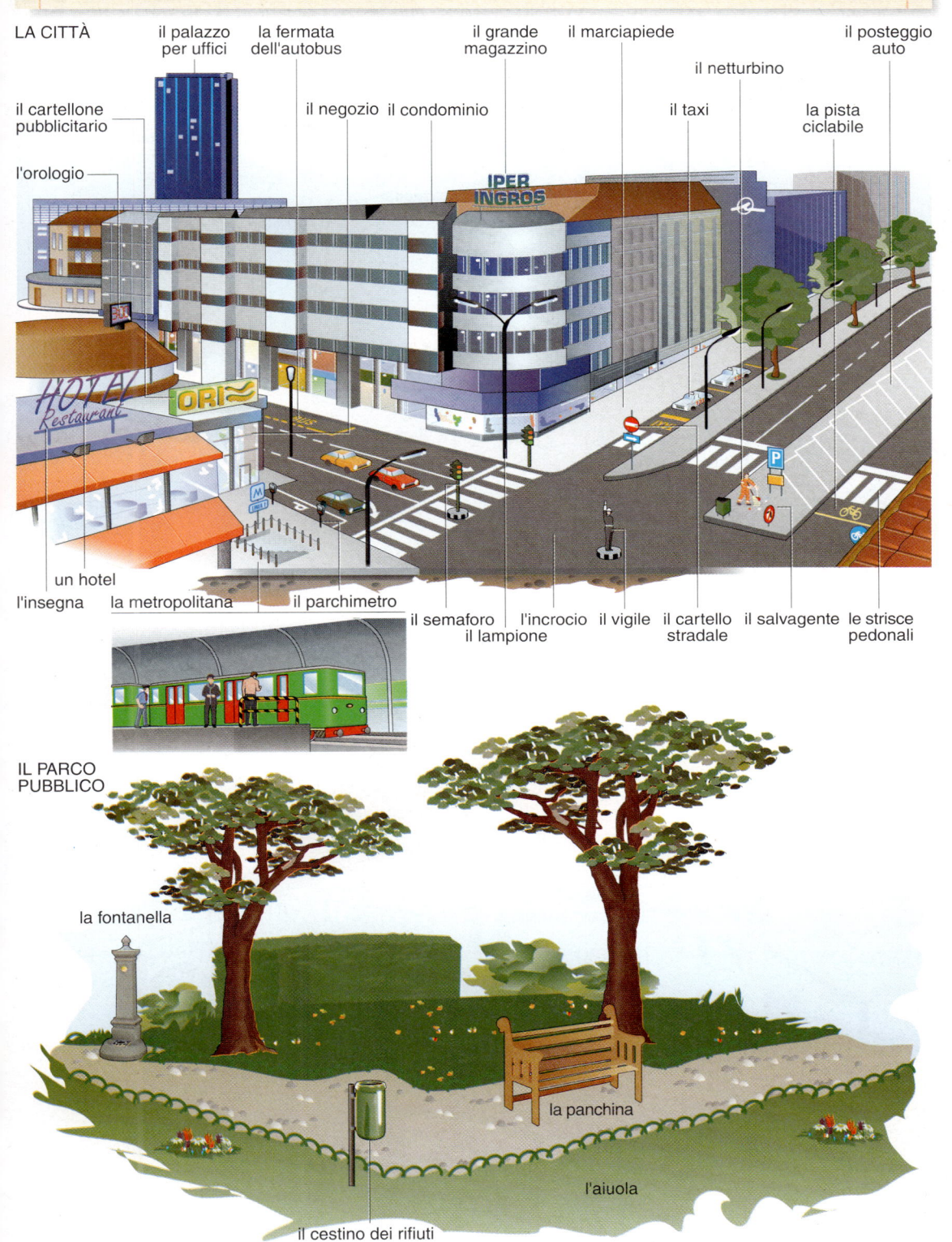

LA CITTÀ

- il palazzo per uffici
- la fermata dell'autobus
- il grande magazzino
- il marciapiede
- il posteggio auto
- il cartellone pubblicitario
- il negozio
- il condominio
- il netturbino
- il taxi
- la pista ciclabile
- l'orologio
- un hotel
- l'insegna
- la metropolitana
- il parchimetro
- il semaforo
- il lampione
- l'incrocio
- il vigile
- il cartello stradale
- il salvagente
- le strisce pedonali

IL PARCO PUBBLICO

- la fontanella
- la panchina
- l'aiuola
- il cestino dei rifiuti

LE COSTRUZIONI

la città, la casa

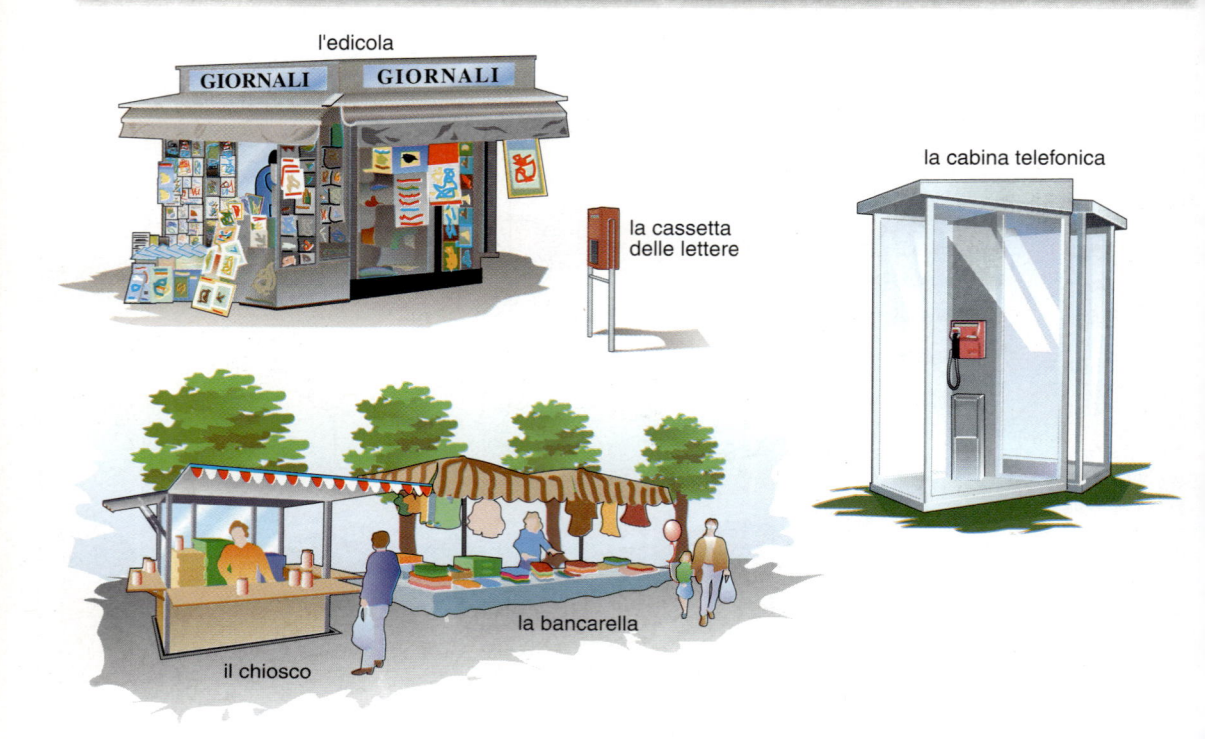

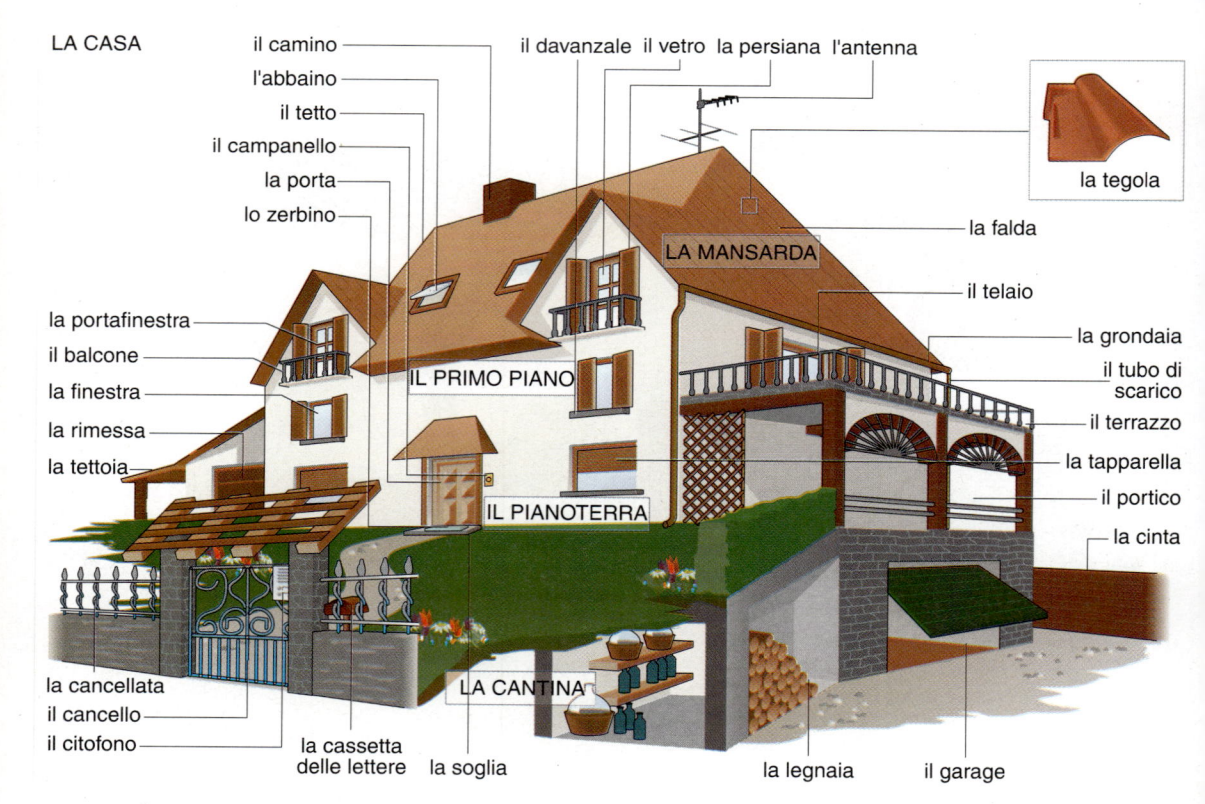

l'edicola

la cassetta delle lettere

la cabina telefonica

il chiosco

la bancarella

LA CASA

- il camino
- l'abbaino
- il tetto
- il campanello
- la porta
- lo zerbino
- la portafinestra
- il balcone
- la finestra
- la rimessa
- la tettoia
- la cancellata
- il cancello
- il citofono
- la cassetta delle lettere
- la soglia
- il davanzale
- il vetro
- la persiana
- l'antenna
- la tegola
- la falda
- LA MANSARDA
- il telaio
- la grondaia
- il tubo di scarico
- il terrazzo
- la tapparella
- il portico
- la cinta
- IL PRIMO PIANO
- IL PIANOTERRA
- LA CANTINA
- la legnaia
- il garage

LE COSTRUZIONI

la casa - *il salotto, la sala da pranzo*

IL SALOTTO

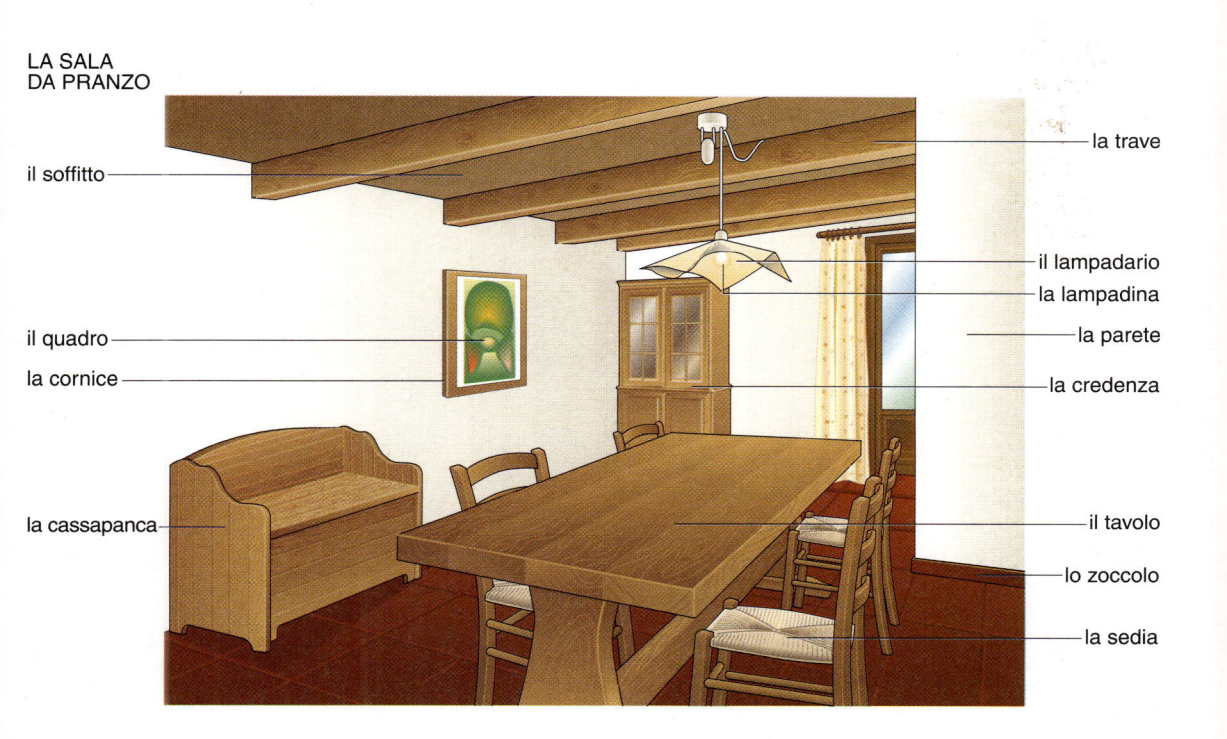

- la libreria
- il paralume
- la lampada
- la poltrona
- il divano
- la cappa
- il caminetto
- l'orologio a pendolo
- il candelabro
- la mensola del caminetto
- l'attizzatoio
- il televisore
- lo schermo
- il soprammobile
- il tavolino
- il tappeto

LA SALA DA PRANZO

- il soffitto
- il quadro
- la cornice
- la cassapanca
- la trave
- il lampadario
- la lampadina
- la parete
- la credenza
- il tavolo
- lo zoccolo
- la sedia

LE COSTRUZIONI la **casa**-la *cucina*

- l'armadietto
- la dispensa
- lo scolapiatti
- il frigorifero
- il lavandino
- i fornelli
- la manopola
- la griglia
- la pattumiera
- il grill
- il tritacarne
- il frullatore
- il macinacaffè
- la bilancia
- la caffettiera
- la lavastoviglie
- un apriscatole
- un accendigas
- il forno a microonde
- la saliera
- la tovaglia
- la forchetta
- il piatto fondo
- il piatto piano
- le posate
- il pensile
- la mensola
- il cestino
- il girarrosto
- il forno
- il cavatappi
- un apribottiglie
- il bicchiere
- il cucchiaio
- il tovagliolo
- il coltello

60

LE COSTRUZIONI   **la casa**-*la cucina*

- la zuccheriera
- la teiera
- la lattiera
- lo spremiagrumi
- il matterello
- la caraffa
- il bricco
- il tostapane
- il trinciapollo
- la mezzaluna
- la scodella
- la teglia
- il colapasta
- il colino
- il mestolo
- la tazza
- il tagliere
- lo schiacciapatate
- l'imbuto
- la tortiera
- il paiolo
- il vassoio
- la grattugia
- il passaverdura
- la terrina
- il tegame
- il coperchio
- il bollilatte
- il pentolino
- la casseruola
- la pentola
- la padella

LA CUCINA

abbrustolire, affettare, affumicare, amalgamare, aromatizzare, arrostire, bollire, condire, cucinare, cuocere, dorare, far lievitare, farcire, fondere, friggere, frullare, glassare, gratinare, grattare, grattugiare, imburrare, impastare, incorporare, infornare, lessare, mescolare, montare a neve, oliare, pepare, rosolare, salare, scaldare, scolare, sfornare, snocciolare, soffriggere, spianare/stendere/tirare la pasta, stemperare, tagliare, tostare, tritare, ungere, zuccherare

LE COSTRUZIONI

la casa-*l'ingresso, la camera da letto*

L'INGRESSO

- lo stipite
- un interruttore
- il faretto
- il corrimano
- il cardine
- la lampada
- la porta
- il chiavistello
- il catenaccio
- la maniglia
- la serratura
- la scala
- il gradino o lo scalino
- il corridoio
- il gancio
- l'attaccapanni
- la ringhiera
- il portaombrelli
- il telefono
- l'elenco telefonico

LA CAMERA DA LETTO

- la cassettiera
- la gruccia
- il guardaroba
- la tenda
- il cassettone
- la tappezzeria
- il letto
- un abat-jour
- il comodino
- il cuscino
- la testata
- il tubo
- il ripiano
- l'anta
- il termosifone
- il tappeto
- il plaid
- la coperta
- la federa
- il lenzuolo
- il materasso
- la radiosveglia

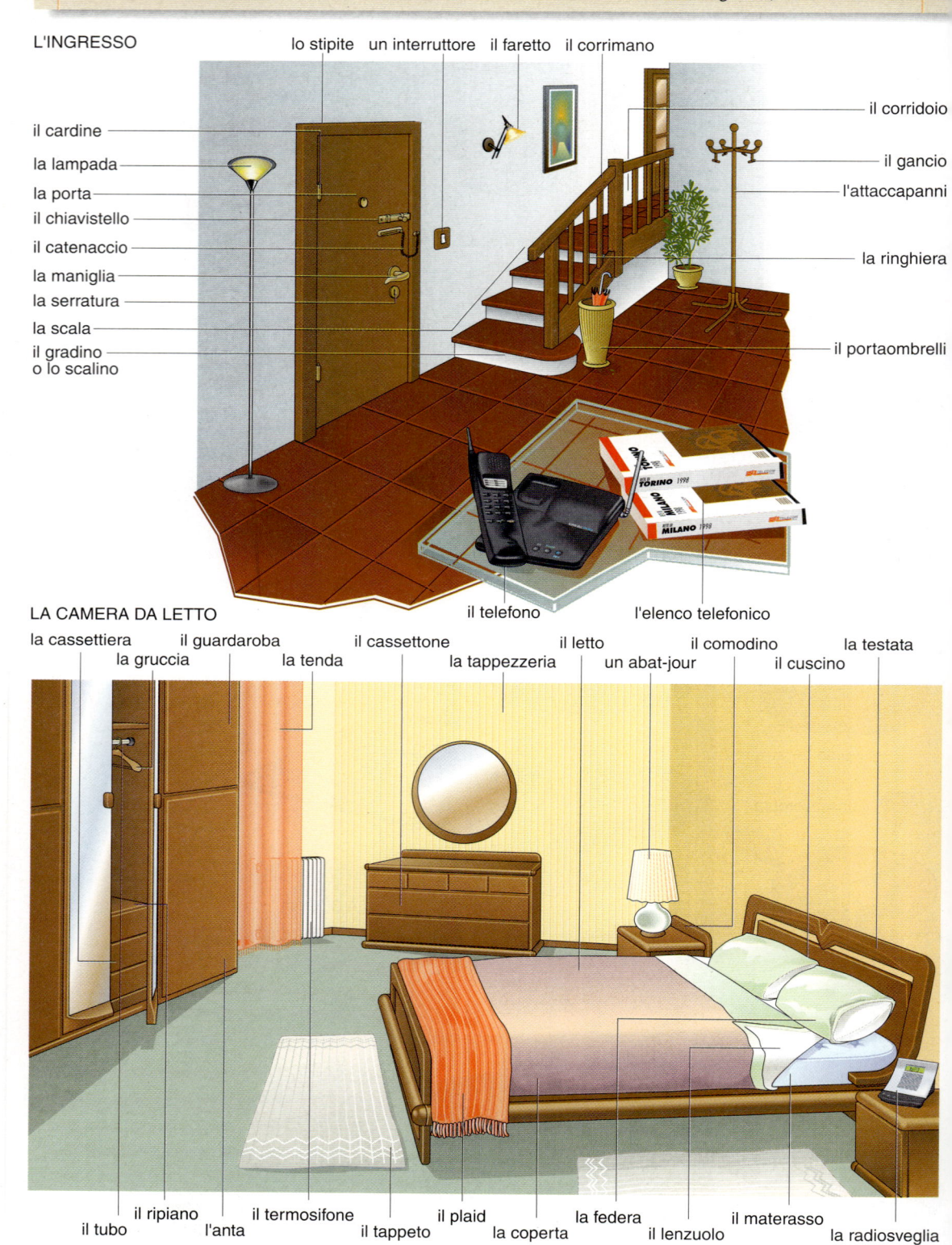

LE COSTRUZIONI — **la casa**-*il bagno*

- la plafoniera
- la piastrella
- lo specchio
- la presa
- il rubinetto
- il lavandino
- la salvietta
- l'asciugamano
- il portasciugamani
- l'armadietto
- la doccia
- la tenda
- l'accappatoio
- il water closet
- il bidè
- la vasca
- il tappetino

- lo spazzolino da unghie
- il rasoio
- la lametta
- un asciugacapelli
- il dentifricio
- lo spazzolino da denti
- il pettine
- la spazzola
- il rasoio elettrico
- la saponetta

LE COSTRUZIONI   **la casa**-*la pulizia della casa*

- un'asse da stiro
- il ferro da stiro
- il filo
- la spina
- un aspirapolvere
- lo spazzolone
- la scopa
- lo strofinaccio
- lo stendibiancheria
- il battipanni
- il detersivo
- il secchio
- la spazzola
- la paletta
- il catino
- la lavatrice
- la lucidatrice

LA PULIZIA DELLA CASA

detergere, fare il bucato/i mestieri/le pulizie, grattare, insaponare, lavare, lucidare, mettere ad/fare asciugare, ordinare, pulire, raschiare, rassettare, riordinare, ripulire, sciacquare, scopare, sgrassare, smacchiare, spazzare, spolverare, stendere, stirare, strofinare, torcere i panni

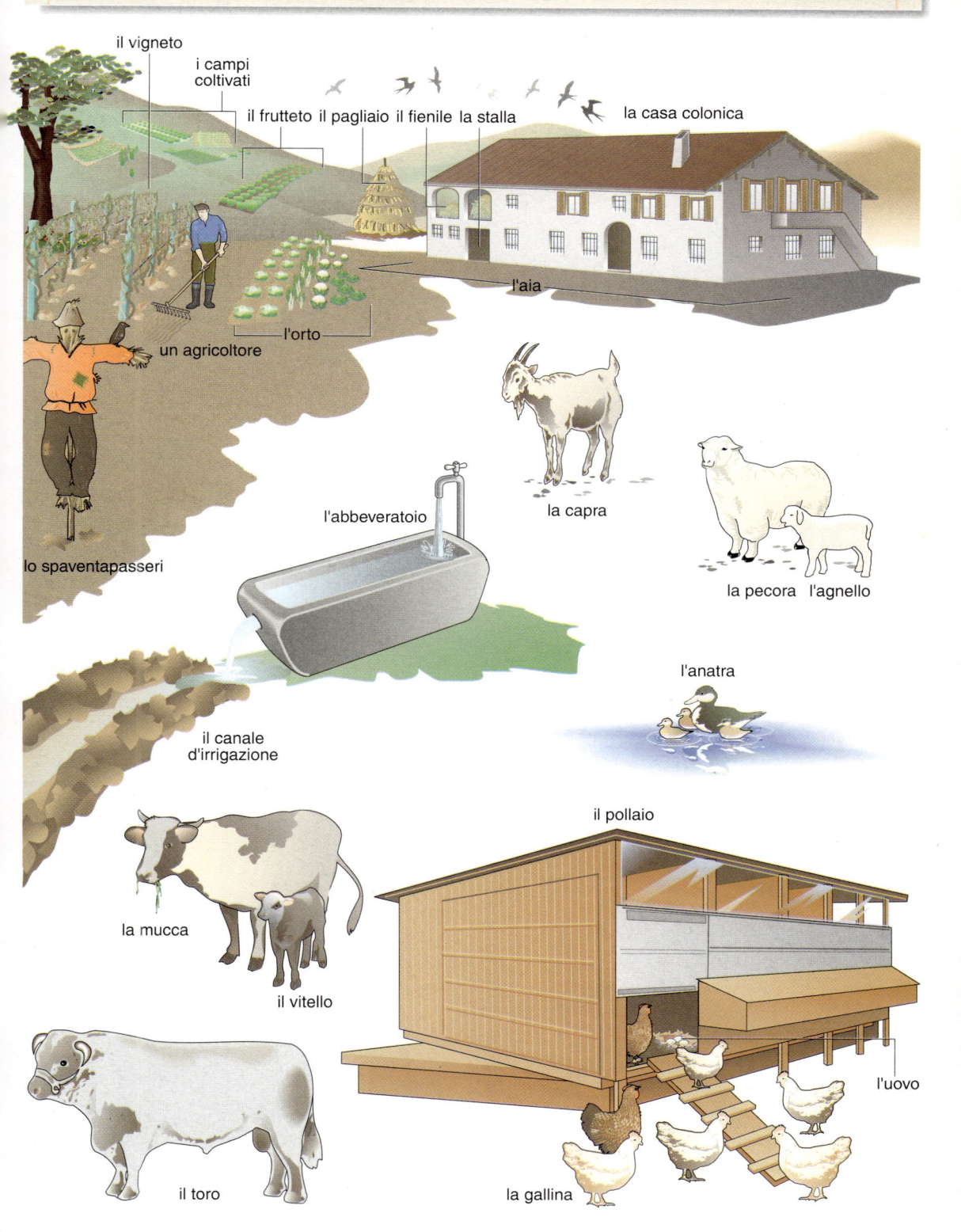

IL LAVORO — la fattoria

- il vigneto
- i campi coltivati
- il frutteto
- il pagliaio
- il fienile
- la stalla
- la casa colonica
- l'orto
- un agricoltore
- l'aia
- lo spaventapasseri
- l'abbeveratoio
- la capra
- la pecora
- l'agnello
- l'anatra
- il canale d'irrigazione
- la mucca
- il vitello
- il pollaio
- l'uovo
- il toro
- la gallina

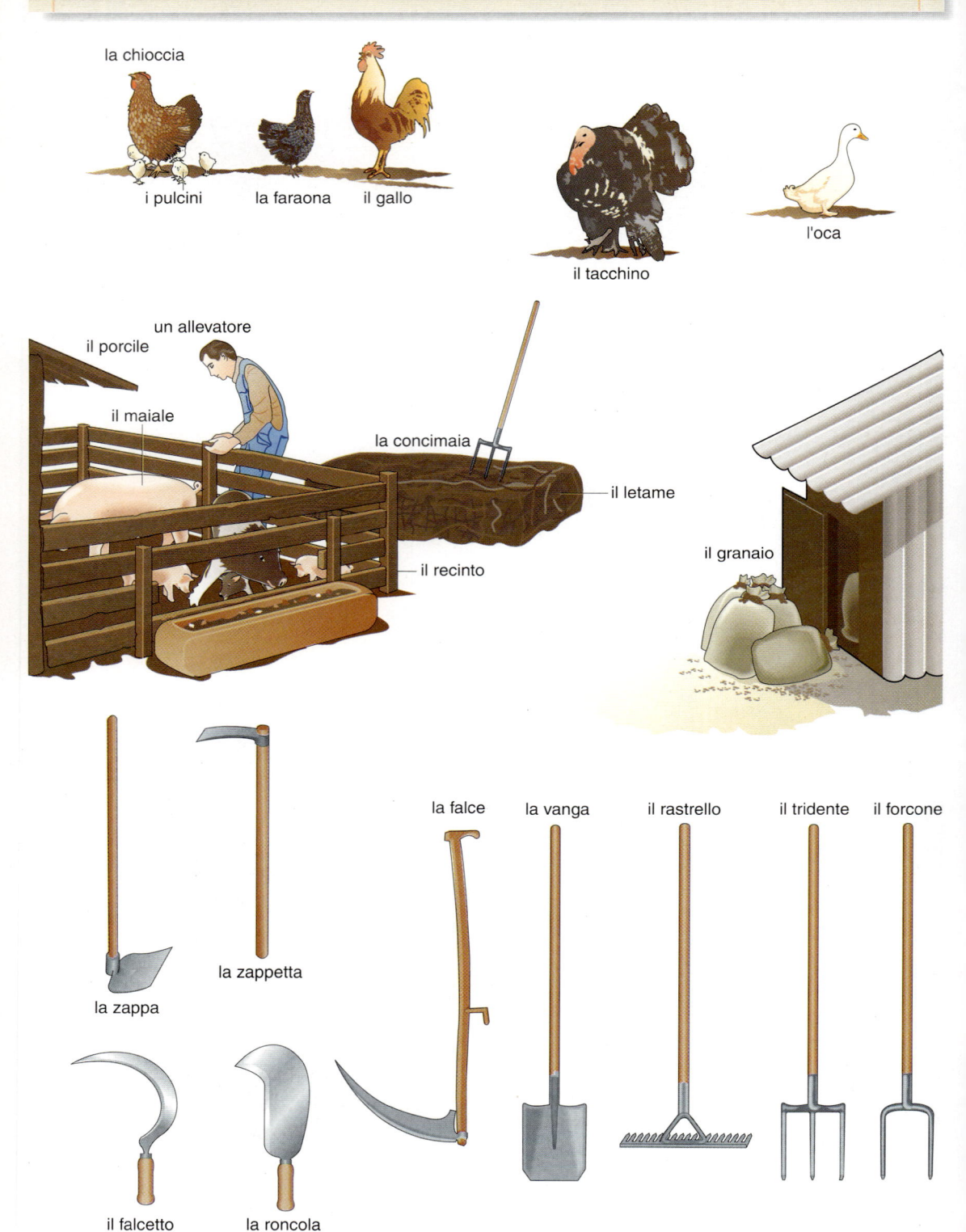

IL LAVORO | **la fattoria**

la chioccia
i pulcini   la faraona   il gallo
il tacchino
l'oca

il porcile
un allevatore
il maiale
la concimaia
il letame
il recinto
il granaio

la zappa
la zappetta
il falcetto
la roncola
la falce
la vanga
il rastrello
il tridente
il forcone

IL LAVORO la fattoria

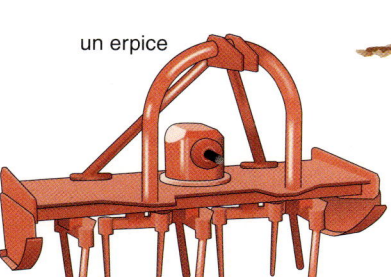

il trattore

la motofalciatrice

il motocoltivatore

l'aratro

il vomere

un erpice

la mietitrebbiatrice

la seminatrice

l'rrigatoio

LA FATTORIA

abbeverare, allevare, arare, bonificare, coltivare, concimare, disinfestare, dissodare, falciare, fertilizzare, ingrassare il bestiame, ingrassare il terreno, irrigare, marchiare, mietere, mungere, pascolare, seminare, trebbiare, vangare, zappare

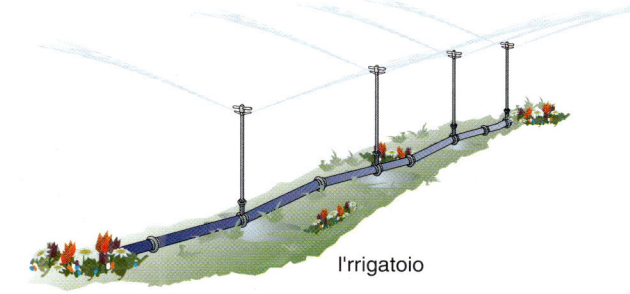

IL LAVORO   **le coltivazioni**-*gli ortaggi*

il sedano   la bietola   gli asparagi   i cardi   gli spinaci

il cavolo cappuccio   la verza   il cavolfiore   la zucca

IL LAVORO   **le coltivazioni**-*gli ortaggi*

- il peperone
- il pomodoro
- la melanzana
- il porro
- i fagiolini
- la patata
- il finocchio
- l'insalata
- il cetriolo
- la barbabietola
- la cipolla
- la zucchina
- la carota
- i ravanelli
- l'aglio
- i fagioli
- il broccolo
- le lenticchie
- i ceci
- il carciofo
- la rapa
- le fave
- i piselli

IL LAVORO	**le coltivazioni**-*la frutta*

la pera
la pesca
la mela
l'albicocca
la prugna
la nespola
la susina	l'uva	l'acino

l'amarena	la ciliegia	la fragola	il mirtillo	il ribes	il lampone	la mora

il pompelmo
l'arancia
il cedro
il mandarino	il limone

70

IL LAVORO

le coltivazioni-*la frutta*

il cocomero

il melone

un ananas

l'avocado

la banana

la noce di cocco

il kiwi

la castagna

un'arachide
la nocciola
il fico
la noce
il dattero
la melagrana
il cachi

IL LAVORO le **coltivazioni**-*le erbe aromatiche*

l'alloro — il basilico — il cappero — il cumino

il dragoncello — la maggiorana — la menta — l'origano — il prezzemolo

il rosmarino — la ruta — la salvia — il timo

IL LAVORO — l'apicoltura

- l'ape regina
- l'ape operaia
- il fuco
- un alveare
- la cella
- la cera
- l'uovo
- la larva
- il miele
- il foglio cereo
- lo sciame
- la maschera
- i guanti
- UN APICOLTORE
- L'ARNIA
  - il coperchio
  - il melario
  - il telaio
- lo smielatore
- un affumicatore

LE API
pungere, ronzare, sciamare

IL LAVORO | **il giardinaggio**

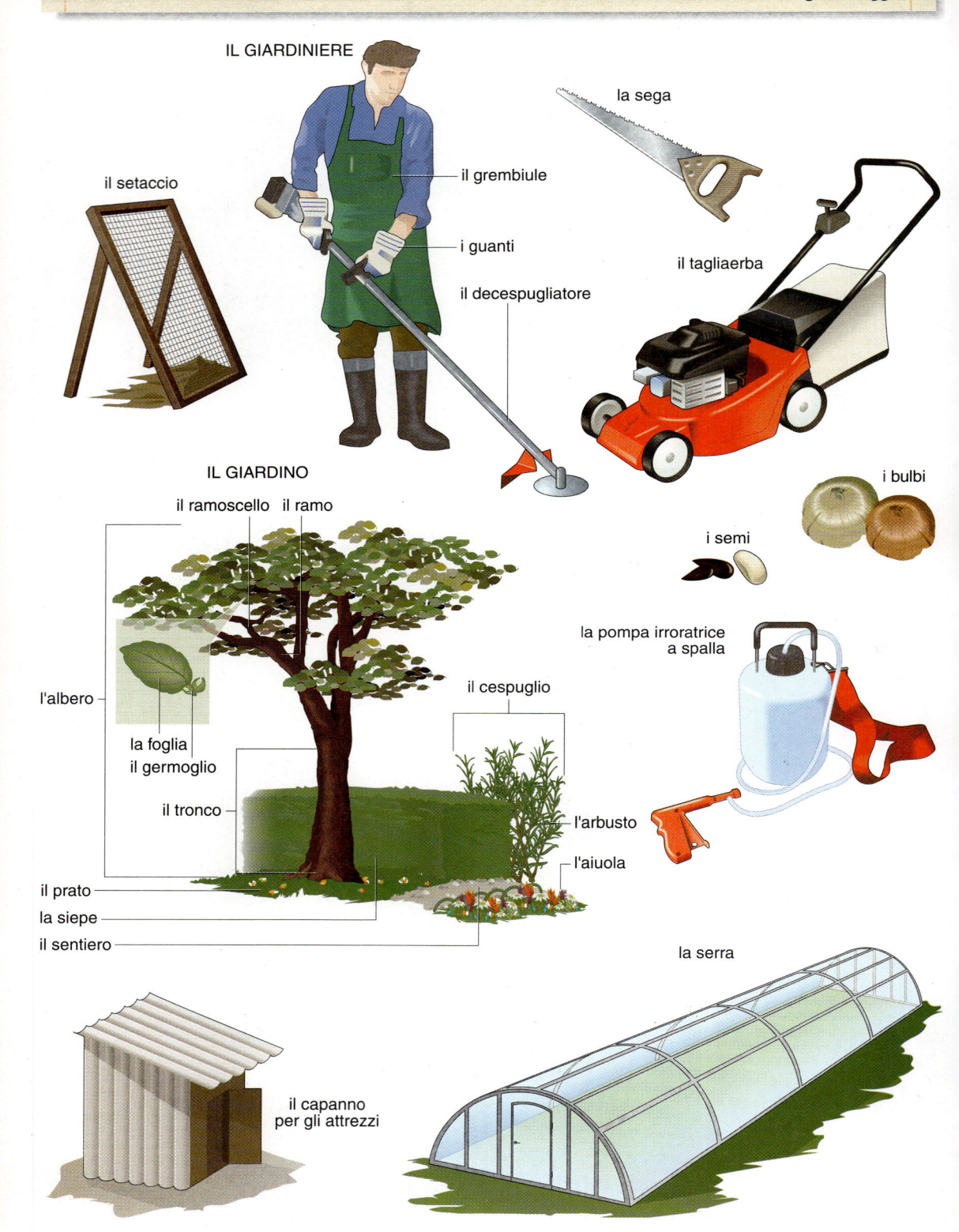

IL GIARDINIERE

- il setaccio
- il grembiule
- i guanti
- il decespugliatore
- la sega
- il tagliaerba
- i bulbi
- i semi
- la pompa irroratrice a spalla

IL GIARDINO

- il ramoscello
- il ramo
- il cespuglio
- l'albero
- la foglia
- il germoglio
- il tronco
- l'arbusto
- l'aiuola
- il prato
- la siepe
- il sentiero
- il capanno per gli attrezzi
- la serra

IL LAVORO — il giardinaggio

- la carriola
- il rastrello
- il badile
- la pompetta o il vaporizzatore
- il tubo irroratore
- la roncola
- il falcetto
- le forbici da potatura
- il coltellino da innesto
- l'annaffiatoio
- la vanga
- il forcone
- la scopa metallica
- il rullo
- le forbici tosasiepi

IL GIARDINAGGIO

annaffiare, coltivare, concimare, diradare, disinfestare, estirpare, innestare, piantare, potare, rasare il prato, rastrellare, seminare, trapiantare

IL LAVORO | **il cantiere edile**

il capomastro

il manovale

la sabbia

l'autocarro ribaltabile

il muratore

il silo per cemento

il carrello

LA GRU

il braccio

il contrappeso

il martello pneumatico

un elevatore o il muletto

l'argano

un escavatore con il cucchiaio

le travi

il bulldozer con la lama

la scala

L'IMPALCATURA O IL PONTEGGIO

la betoniera

IL LAVORO

il cantiere edile

- lo scalpello
- il filo a piombo
- la livella a bolla
- i chiodi
- lo sparviere
- la mazza
- il martello
- il martello da carpentiere
- la carriola
- il frattazzo
- la cazzuola
- la marra
- il badile
- il mattone pieno
- il mattone forato
- il piccone
- la pignatta
- le tegole
- il ferro
- il cemento
- le assi di legno
- la calce
- il secchio da calce
- la malta

IL CANTIERE EDILE
abbattere, costruire, demolire, edificare, erigere, fabbricare, gettare le fondamenta, pavimentare, piastrellare, ricostruire, smantellare, stuccare

IL LAVORO
gli arnesi da lavoro

GLI ARNESI DEL FABBRO

- il mantice
- la mazza
- il calibro
- la tenaglia
- la morsa
- il martello
- il punzone
- un'incudine

IL FABBRO
battere, fondere, forgiare, martellare, saldare, temprare, tornire

GLI ARNESI DEL FALEGNAME

- la sega a disco
- la morsa da tavolo
- la levigatrice
- la punta
- il trapano ad archetto
- il trapano elettrico
- il trapano a mano
- il morsetto

IL LAVORO   gli arnesi da lavoro

- il martello
- la testa
- il manico
- il mazzuolo
- l'accetta
- la tenaglia
- la pinza
- i chiodi
- il bullone
- le viti
- la filettatura
- lo scalpello
- la raspa
- il dado
- la sega a nastro
- la sgorbia
- la rondella
- la carta vetrata
- il metro a stecche
- il cacciavite
- la sega
- la pialla
- il seghetto
- il tornio

IL FALEGNAME

avvitare, battere, conficcare/piantare un chiodo, forare, incastrare, inchiodare, intagliare, levigare, piallare, raschiare, segare, svitare, tagliare, tornire, traforare

IL LAVORO   il supermercato

- il banco di vendita
- il cartellino del prezzo
- il banco frigorifero
- la vetrina frigorifera
- la commessa
- il congelatore
- il cliente
- il cassiere
- il registratore di cassa
- la corsia
- il sacchetto per la spesa
- un espositore
- la scaffalatura
- il cestino
- il carrello
- la cassa

- lo scontrino
- la verdura
- la frutta
- la carne
- i formaggi
- l'acqua minerale
- la bibita
- il vino
- la pasta
- il pane
- il latte
- il riso
- i biscotti
- lo scatolame
- i dolciumi
- la farina

IL LAVORO   **il bar**

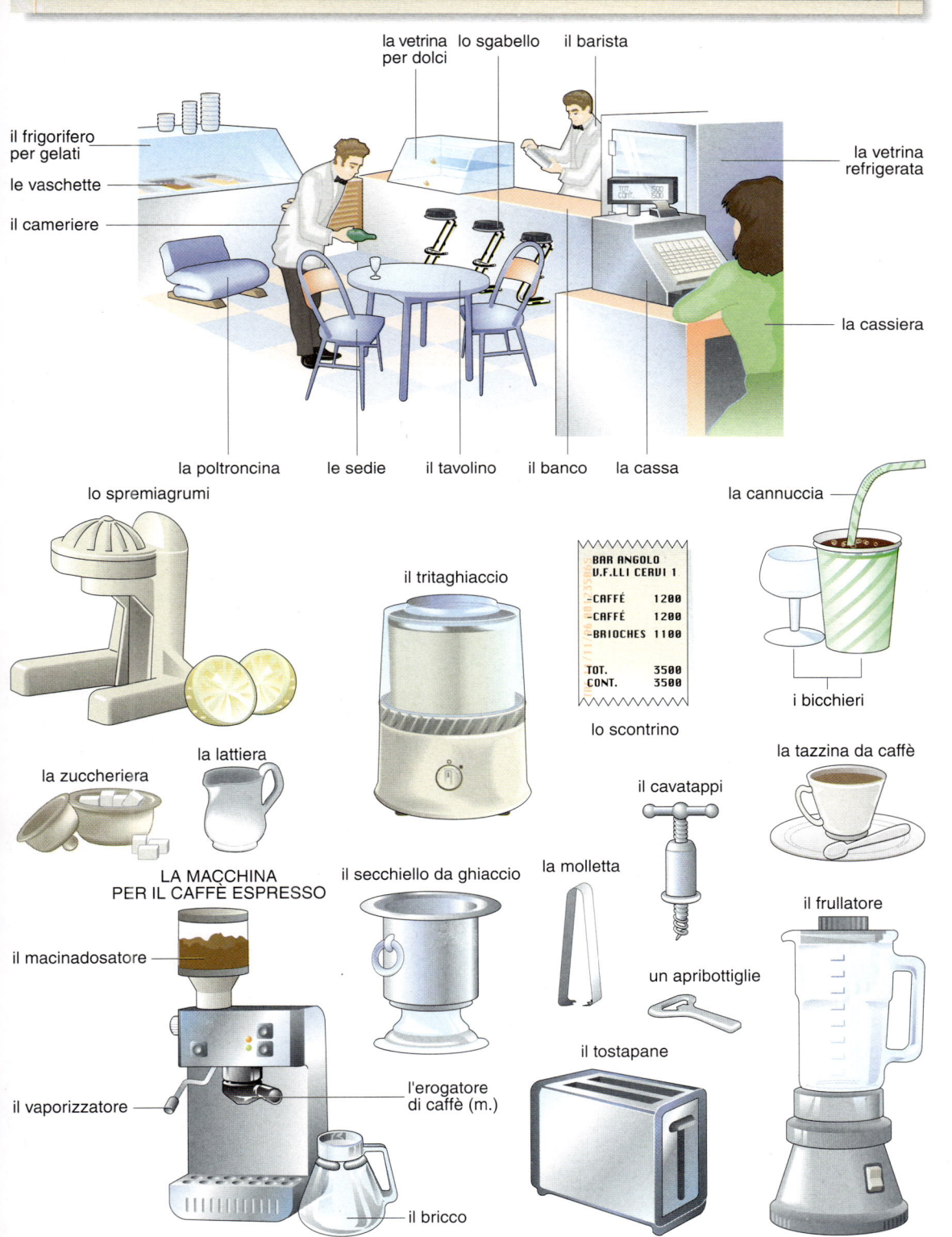

- la vetrina per dolci
- lo sgabello
- il barista
- il frigorifero per gelati
- le vaschette
- il cameriere
- la vetrina refrigerata
- la cassiera
- la poltroncina
- le sedie
- il tavolino
- il banco
- la cassa
- lo spremiagrumi
- il tritaghiaccio
- la cannuccia
- lo scontrino
- i bicchieri
- la zuccheriera
- la lattiera
- la tazzina da caffè
- il cavatappi
- LA MACCHINA PER IL CAFFÈ ESPRESSO
- il secchiello da ghiaccio
- la molletta
- il frullatore
- il macinadosatore
- un apribottiglie
- il tostapane
- il vaporizzatore
- l'erogatore di caffè (m.)
- il bricco

IL LAVORO — l'ufficio

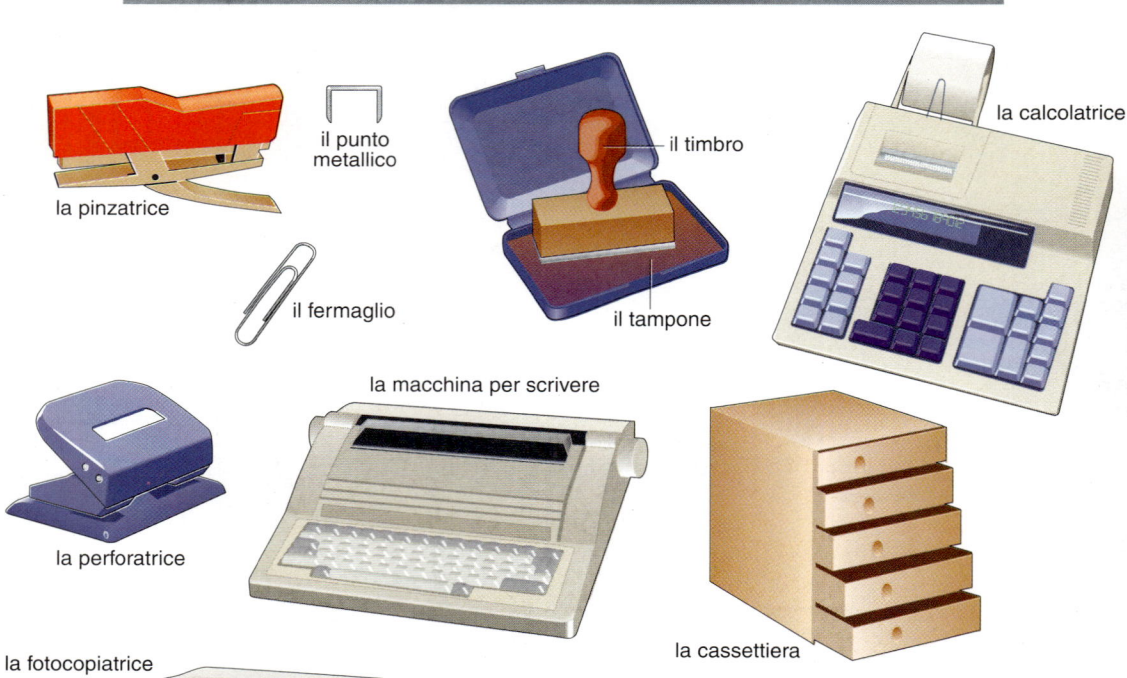

- lo schedario
- lo scaffale
- la sedia girevole
- il computer portatile
- la lampada
- i raccoglitori
- la scrivania
- il tagliacarte
- il telefono
- la pinzatrice
- il punto metallico
- il fermaglio
- il timbro
- il tampone
- la calcolatrice
- la perforatrice
- la macchina per scrivere
- la cassettiera
- la fotocopiatrice

L'UFFICIO
amministrare, eseguire/portare a termine/ultimare un lavoro, evadere/sbrigare una pratica

IL LAVORO — l'ufficio postale

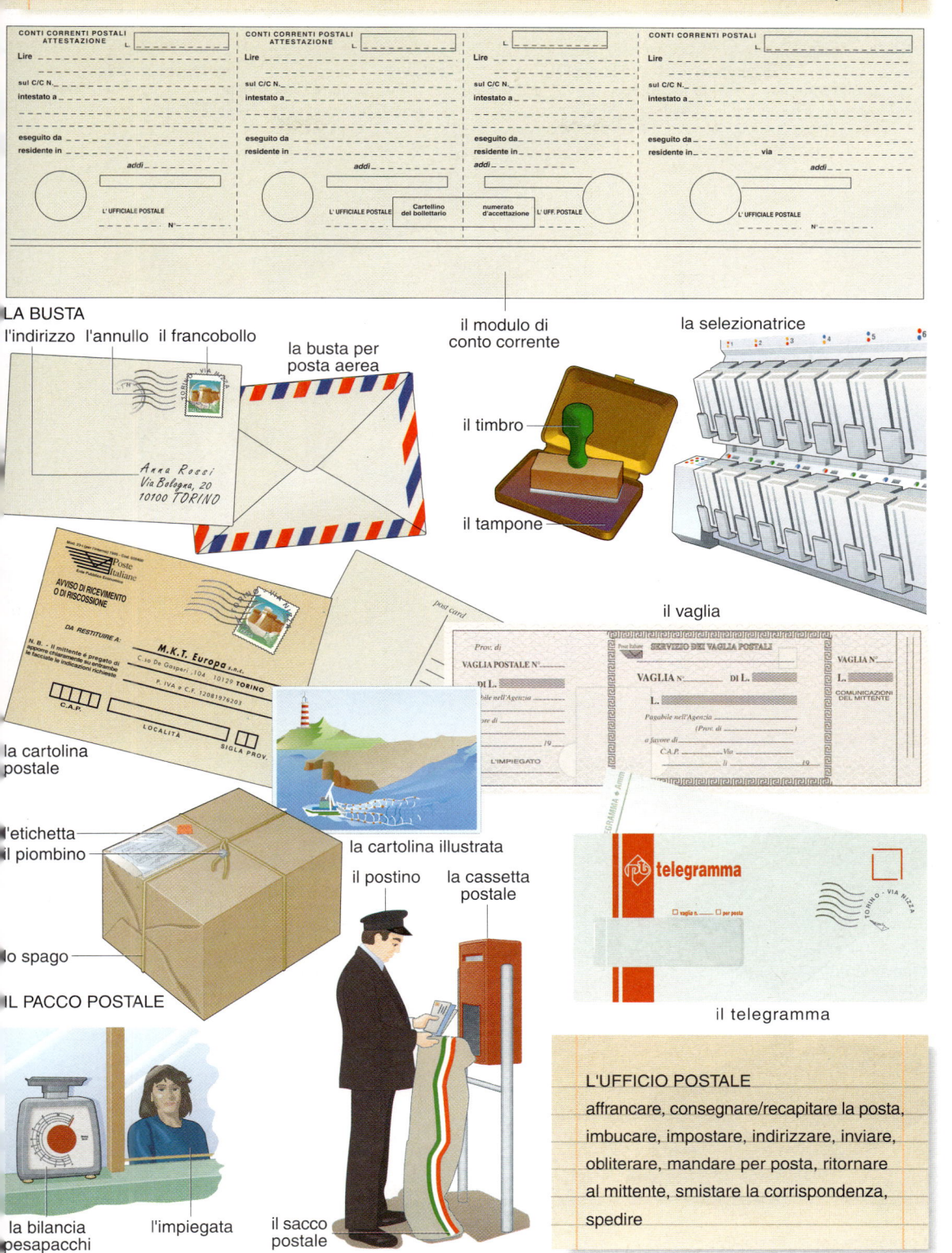

il modulo di conto corrente

LA BUSTA
l'indirizzo   l'annullo   il francobollo
la busta per posta aerea

la selezionatrice

il timbro
il tampone

la cartolina postale

il vaglia

l'etichetta
il piombino

la cartolina illustrata

il postino   la cassetta postale

lo spago

IL PACCO POSTALE

il telegramma

la bilancia pesapacchi   l'impiegata   il sacco postale

L'UFFICIO POSTALE

affrancare, consegnare/recapitare la posta, imbucare, impostare, indirizzare, inviare, obliterare, mandare per posta, ritornare al mittente, smistare la corrispondenza, spedire

IL LAVORO — la scuola

L'AULA

- l'orario
- un'insegnante
- lo scaffale
- la lavagna
- il cancellino
- il gesso
- la libreria
- la carta geografica
- il cartellone murale
- un insegnante
- la cattedra
- la cartella
- il banco
- l'alunno
- l'armadio

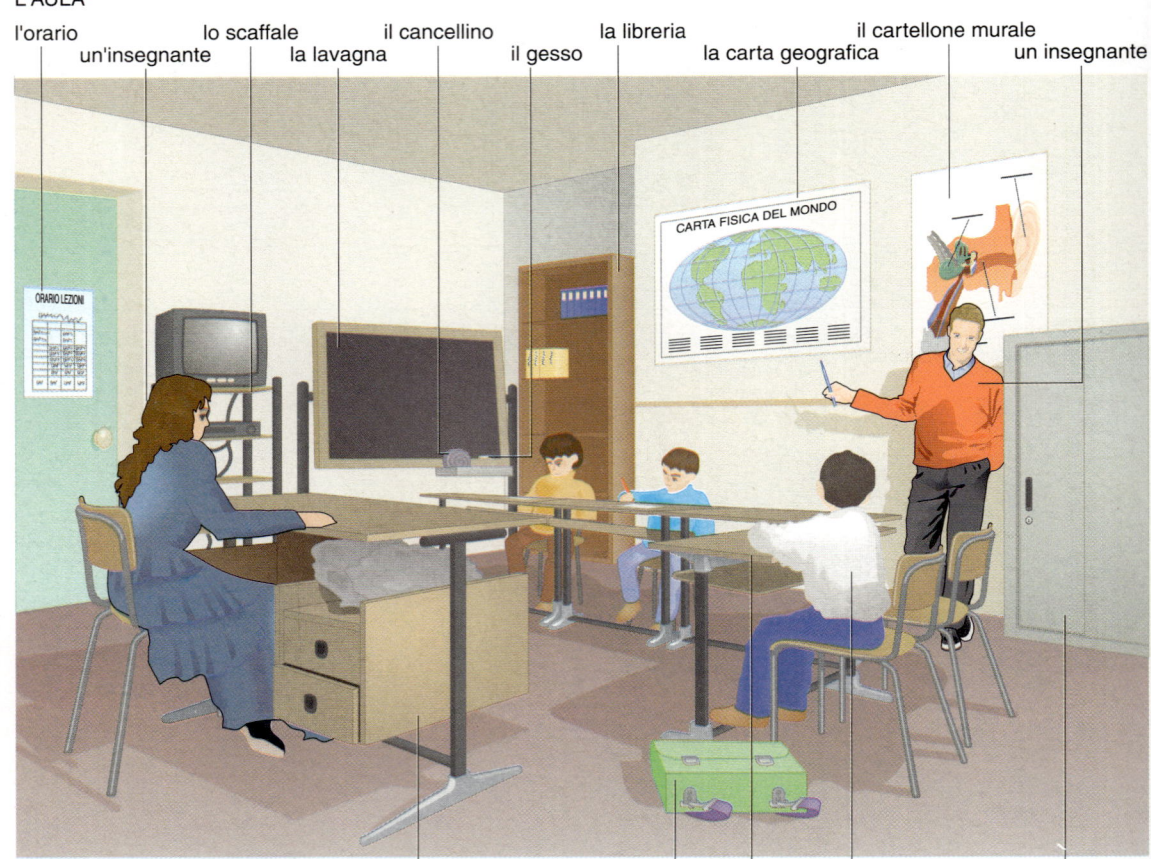

- il registratore a cassetta
- il televisore 
- il videoregistratore 
- il mappamondo 
- il proiettore per le diapositive 
- la lavagna luminosa 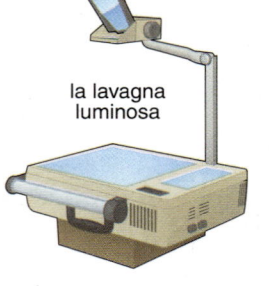
- i sussidi didattici

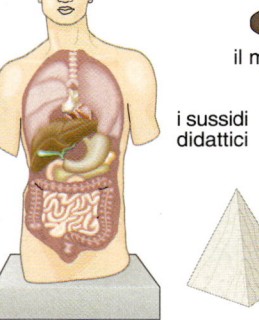

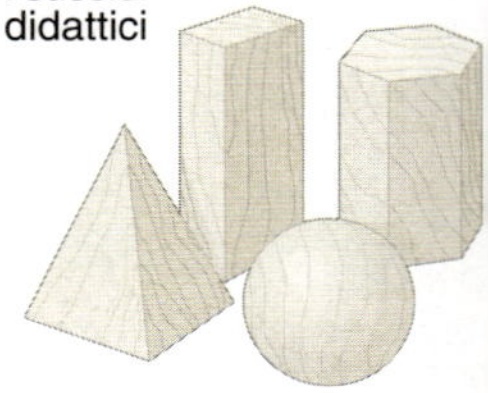

IL LAVORO **la scuola**

le matite

il temperino

i pennarelli

i pastelli

le penne

l'astuccio

le gomme

un album da disegno

il vocabolario o il dizionario

i quaderni

il libro di testo

le pagine

un atlante

il diario

L'ALUNNO

apprendere, calcolare, dipingere, disegnare, imparare, leggere, modellare, partecipare, prendere appunti, ricopiare, rileggere, ripassare, scrivere, studiare

L'INSEGNANTE

adottare un libro di testo, ammettere agli esami, bocciare, correggere, giudicare, guidare, insegnare, interrogare, osservare, promuovere, respingere, spiegare, valutare

IL LAVORO — il laboratorio chimico

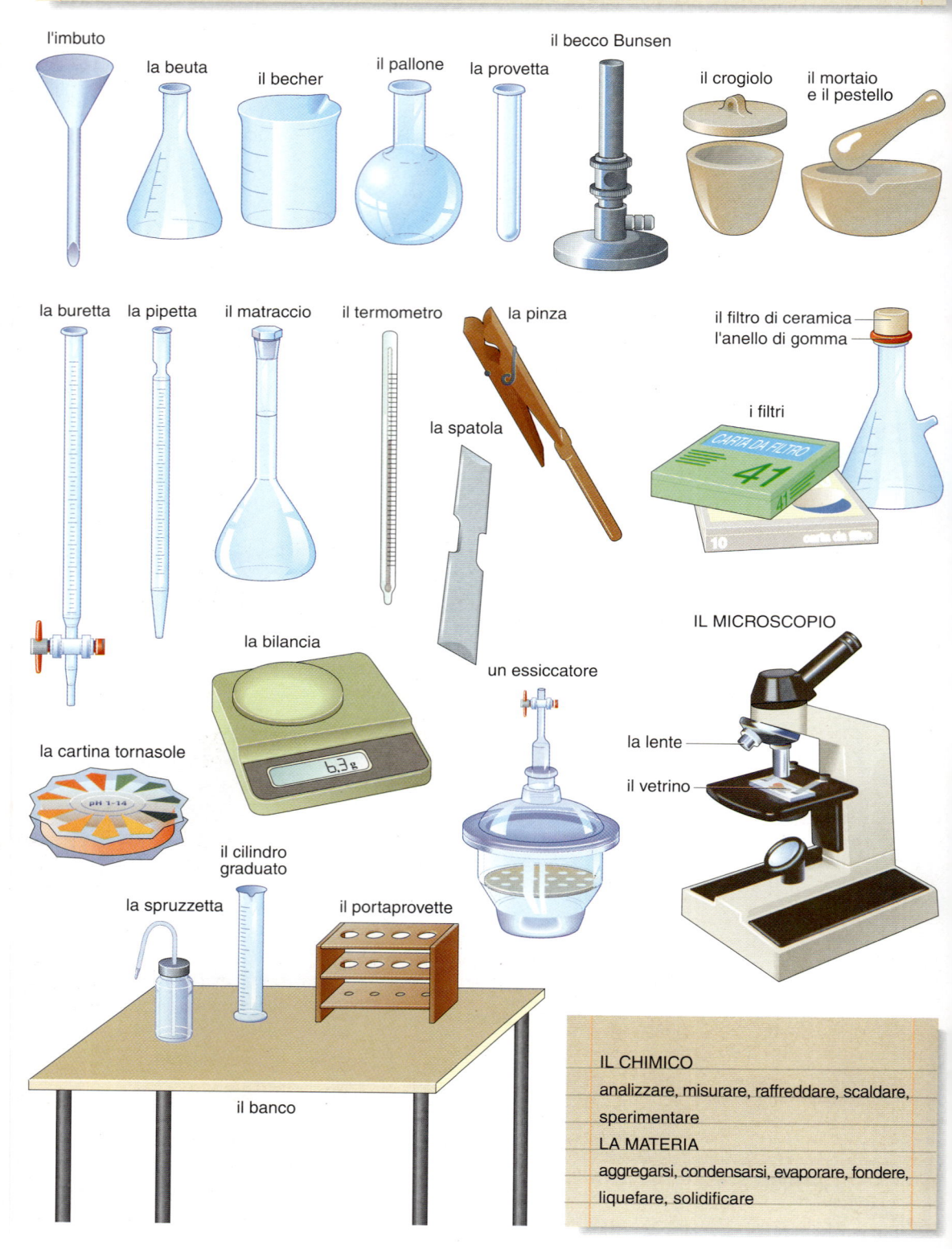

- l'imbuto
- la beuta
- il becher
- il pallone
- la provetta
- il becco Bunsen
- il crogiolo
- il mortaio e il pestello
- la buretta
- la pipetta
- il matraccio
- il termometro
- la pinza
- la spatola
- il filtro di ceramica
- l'anello di gomma
- i filtri
- la bilancia
- la cartina tornasole
- un essiccatore
- IL MICROSCOPIO
  - la lente
  - il vetrino
- la spruzzetta
- il cilindro graduato
- il portaprovette
- il banco

IL CHIMICO
analizzare, misurare, raffreddare, scaldare, sperimentare

LA MATERIA
aggregarsi, condensarsi, evaporare, fondere, liquefare, solidificare

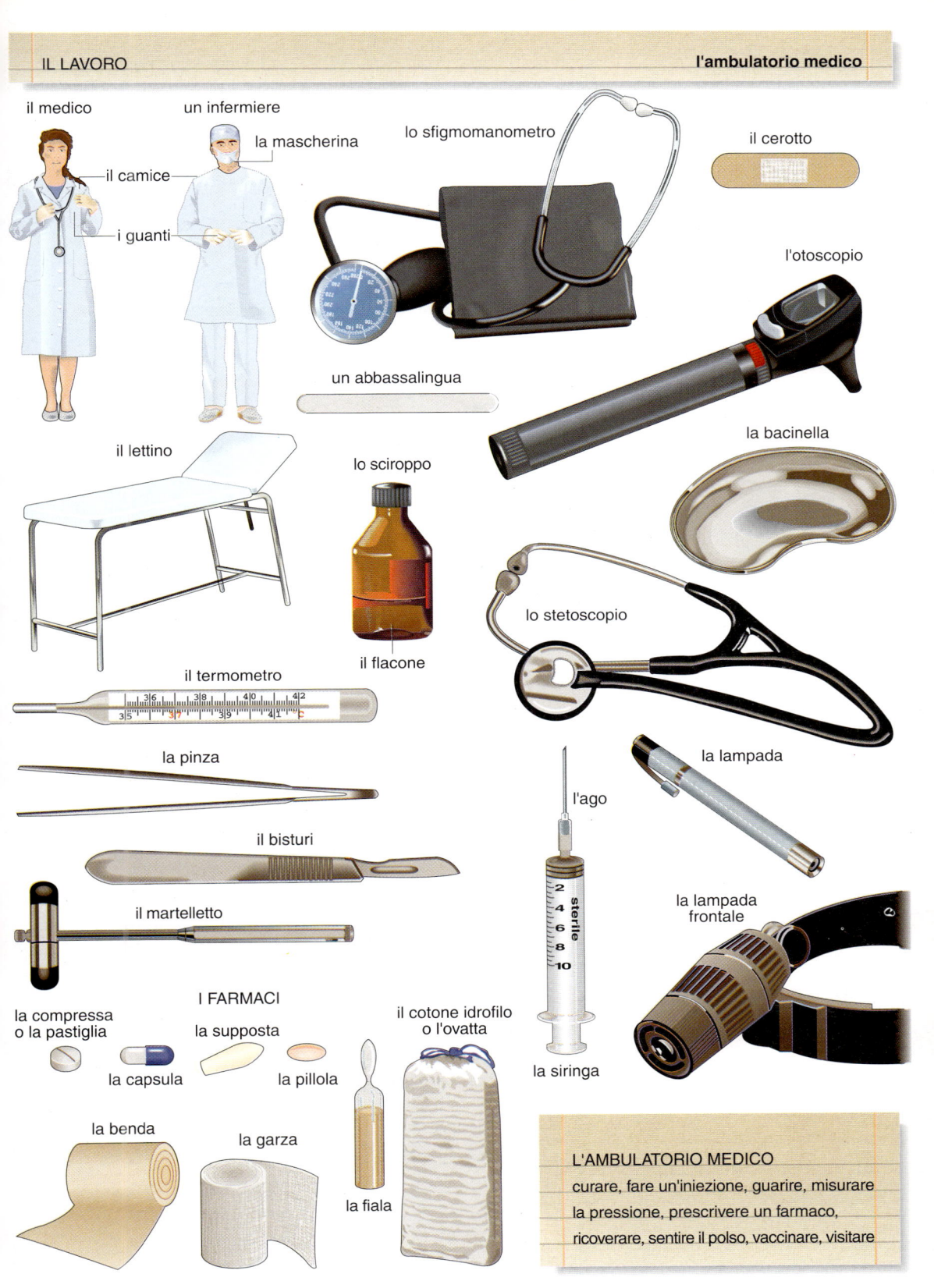

IL LAVORO

l'ambulatorio medico

- il medico
- il camice
- i guanti
- un infermiere
- la mascherina
- lo sfigmomanometro
- il cerotto
- l'otoscopio
- un abbassalingua
- il lettino
- lo sciroppo
- la bacinella
- il flacone
- lo stetoscopio
- il termometro
- la lampada
- la pinza
- il bisturi
- l'ago
- la lampada frontale
- il martelletto

I FARMACI
- la compressa o la pastiglia
- la capsula
- la supposta
- la pillola
- il cotone idrofilo o l'ovatta
- la siringa
- la benda
- la garza
- la fiala

L'AMBULATORIO MEDICO
curare, fare un'iniezione, guarire, misurare la pressione, prescrivere un farmaco, ricoverare, sentire il polso, vaccinare, visitare

| IL LAVORO | i pompieri o i vigili del fuoco |

IL POMPIERE

l'elmetto

la maschera antigas

la tuta anticalore

un estintore

il telo da salvataggio

la manichetta con la lancia

la pompa

un autoincendio

la scala

un'autopompa

un'autoscala

un idrante

I VIGILI DEL FUOCO
domare/estinguere/spegnere un incendio,
soffocare le fiamme

IL LAVORO — **la ricerca spaziale**

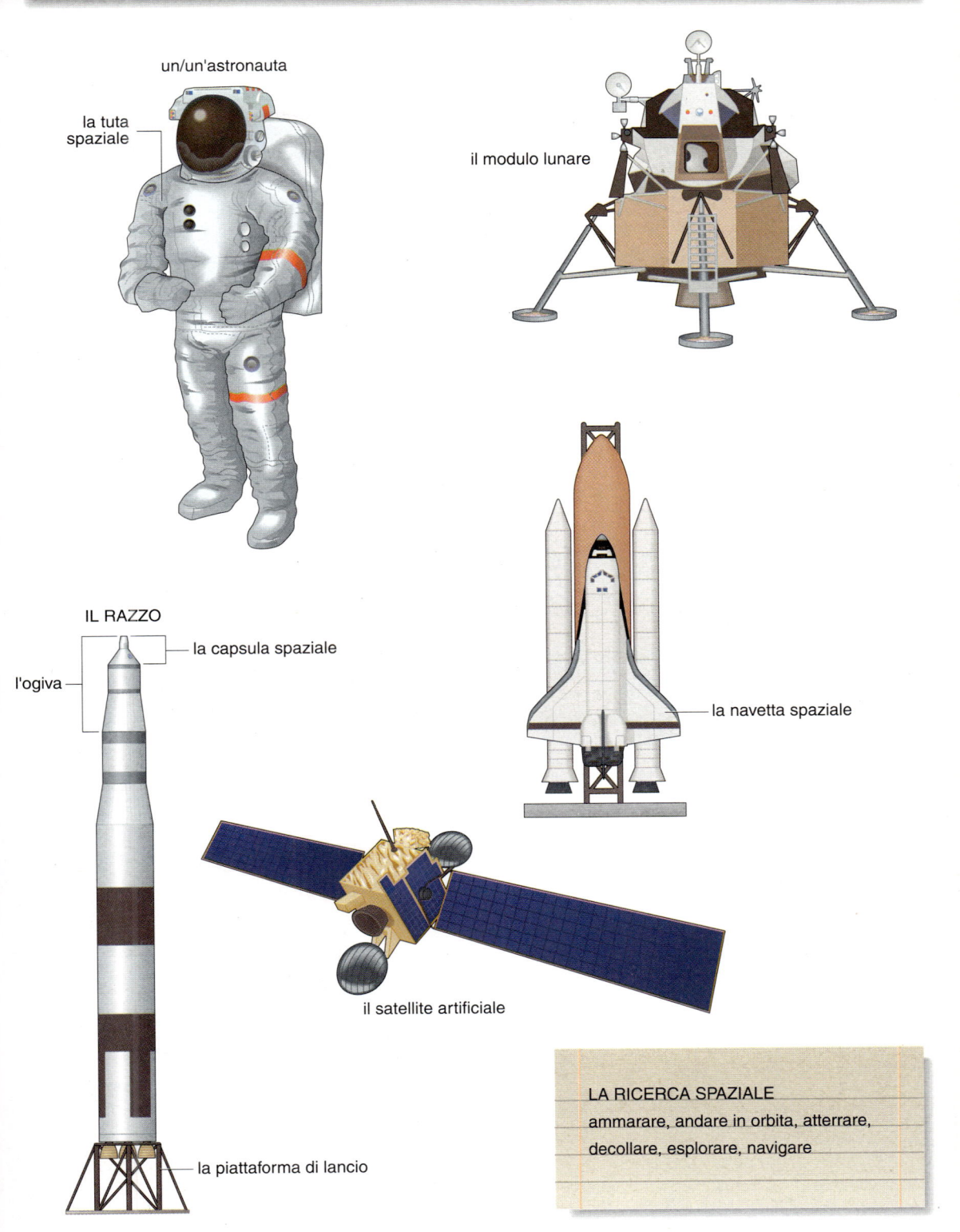

un/un'astronauta

la tuta spaziale

il modulo lunare

IL RAZZO

l'ogiva

la capsula spaziale

la navetta spaziale

il satellite artificiale

la piattaforma di lancio

LA RICERCA SPAZIALE
ammarare, andare in orbita, atterrare, decollare, esplorare, navigare

I TRASPORTI

i trasporti via terra

LA MOTOCICLETTA

- il manubrio con i vari comandi
- il serbatoio
- il telaio
- la sella
- il fanalino posteriore
- il fanale
- la forcella anteriore
- il silenziatore
- il tubo di scarico
- il freno anteriore
- la leva del comando del cambio
- un ammortizzatore posteriore
- il freno posteriore

L'AUTOMOBILE (f.)

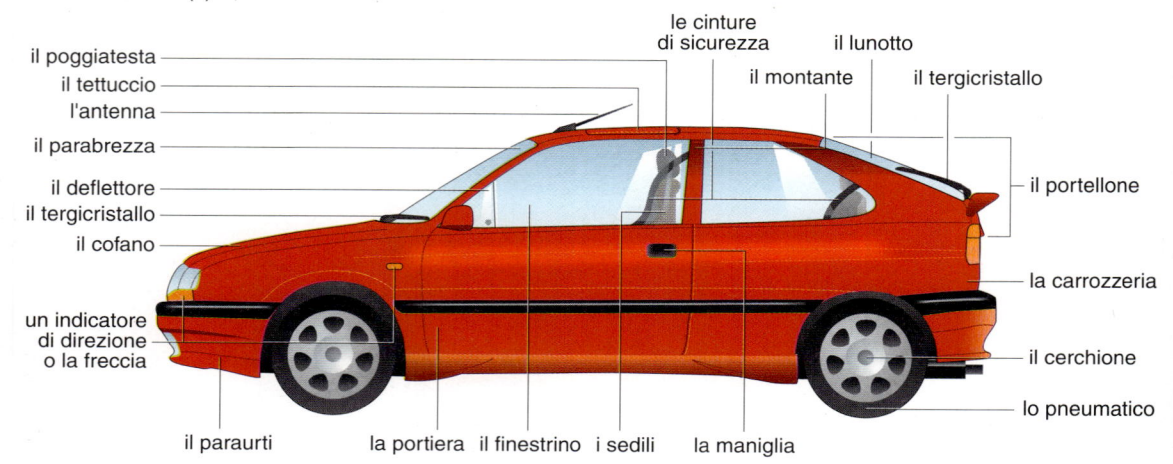

- il poggiatesta
- il tettuccio
- l'antenna
- il parabrezza
- il deflettore
- il tergicristallo
- il cofano
- un indicatore di direzione o la freccia
- le cinture di sicurezza
- il lunotto
- il montante
- il tergicristallo
- il portellone
- la carrozzeria
- il cerchione
- lo pneumatico
- il paraurti
- la portiera
- il finestrino
- i sedili
- la maniglia

LA BICICLETTA

- il telaio
- i manettini del cambio
- il manubrio
- la sella
- il copertone
- le leve dei freni
- il freno posteriore
- la canna
- il freno anteriore
- la ruota libera
- la forcella
- i mozzi
- i raggi
- il cambio
- la catena
- la corona
- i pedali
- il deragliatore anteriore

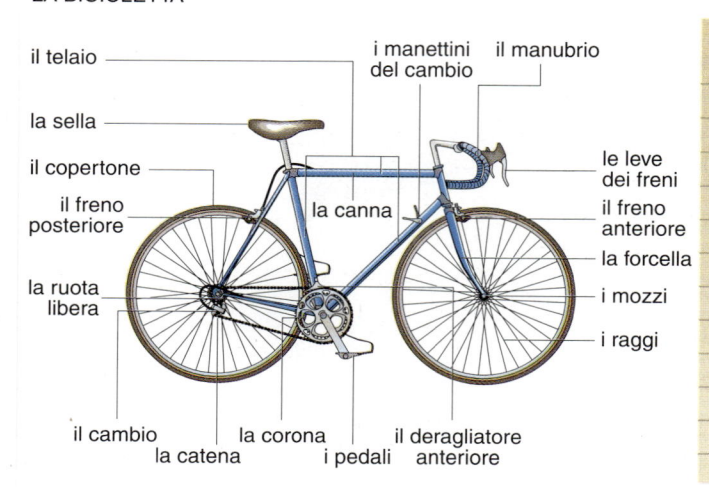

L'AUTOMOBILE, LA MOTOCICLETTA

accelerare, accostare, avviare/scaldare il motore, bucare, cambiare marcia, curvare, fare rifornimento, forare, frenare, girare, guidare, innestare/inserire/mettere la marcia, invertire la marcia, lampeggiare, mettere in moto, mettere la freccia, parcheggiare, posteggiare, rimanere in panne, sbandare, sorpassare, sostare, sterzare, suonare il clacson, svoltare, tamponare

LA BICICLETTA

balzare in sella, frenare, gonfiare le gomme, impennare, pedalare

I TRASPORTI

i trasporti via terra

IL CRUSCOTTO

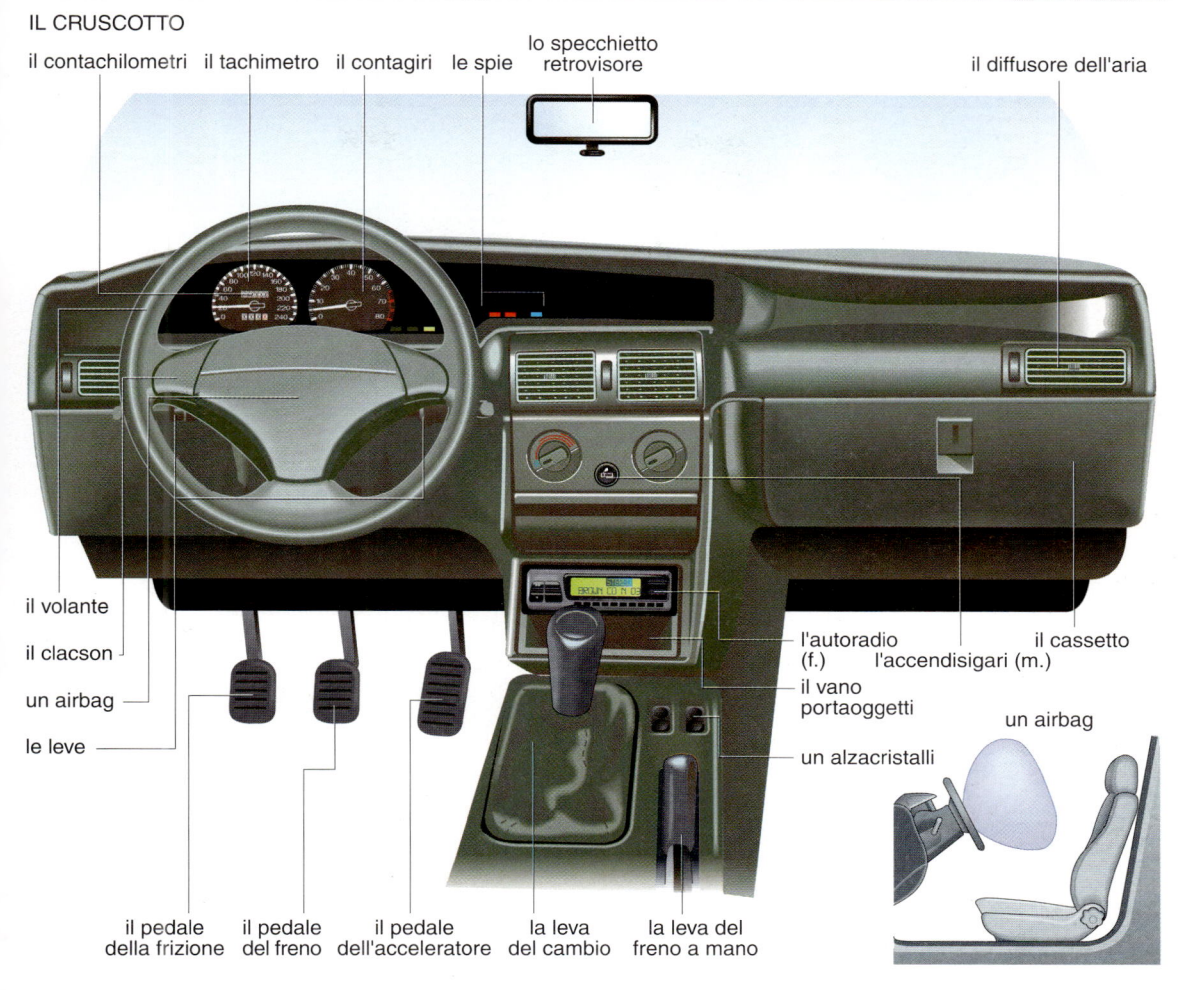

- il contachilometri
- il tachimetro
- il contagiri
- le spie
- lo specchietto retrovisore
- il diffusore dell'aria
- il volante
- il clacson
- un airbag
- le leve
- il pedale della frizione
- il pedale del freno
- il pedale dell'acceleratore
- la leva del cambio
- la leva del freno a mano
- l'autoradio (f.)
- l'accendisigari (m.)
- il vano portaoggetti
- un alzacristalli
- il cassetto
- un airbag

L'AUTOMOBILE

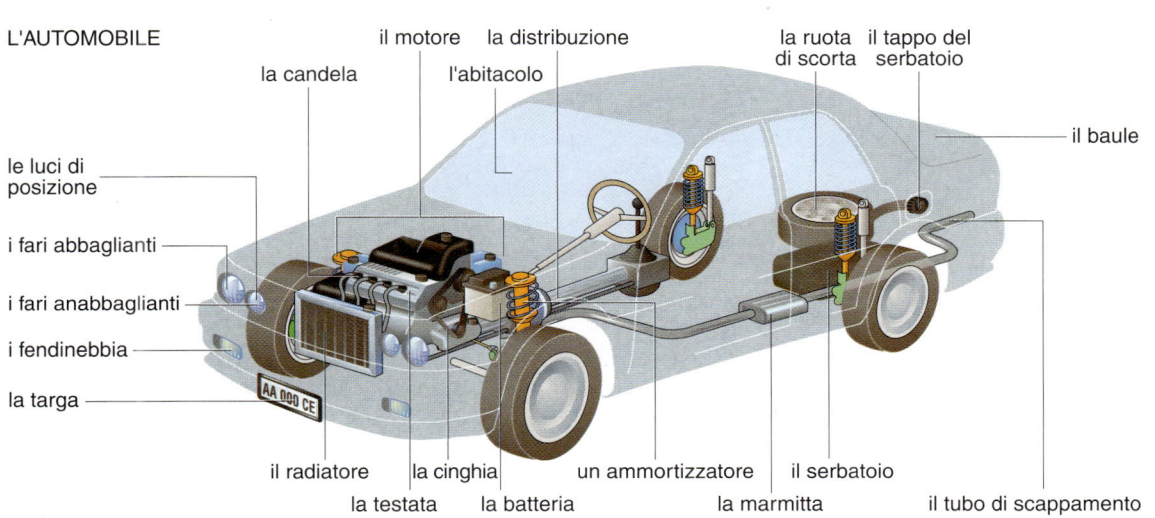

- il motore
- la distribuzione
- la ruota di scorta
- il tappo del serbatoio
- la candela
- l'abitacolo
- il baule
- le luci di posizione
- i fari abbaglianti
- i fari anabbaglianti
- i fendinebbia
- la targa
- il radiatore
- la cinghia
- la testata
- la batteria
- un ammortizzatore
- il serbatoio
- la marmitta
- il tubo di scappamento

I TRASPORTI

i trasporti via terra

lo scooter

il camion

il fuoristrada

il motocarro

il furgone

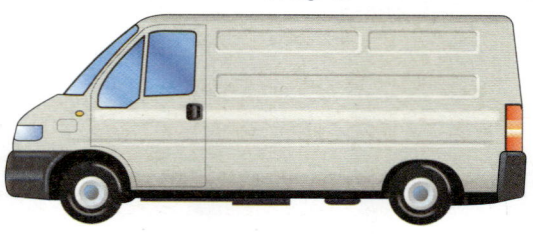

la jeep

un autotreno

il rimorchio   la motrice

un autoarticolato

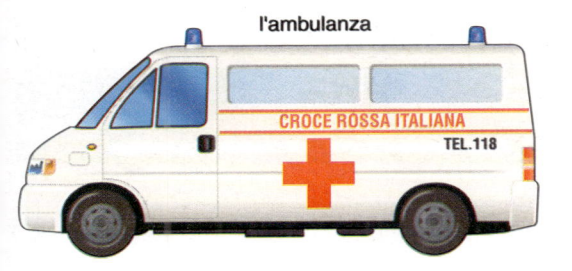

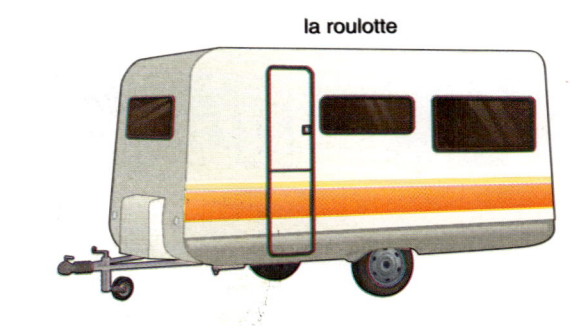

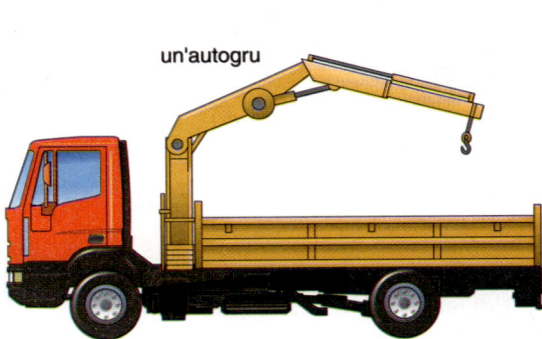

I TRASPORTI — i trasporti via terra

l'ambulanza

la roulotte

il camper

un'autobetoniera

un autotreno per trasporto auto o la bisarca

il carro attrezzi

un'autogru

un'autocisterna

un'autobotte

I TRASPORTI

i trasporti via terra

un autobus

il pullman

il filobus

I TRASPORTI SU FILO E SU ROTAIA

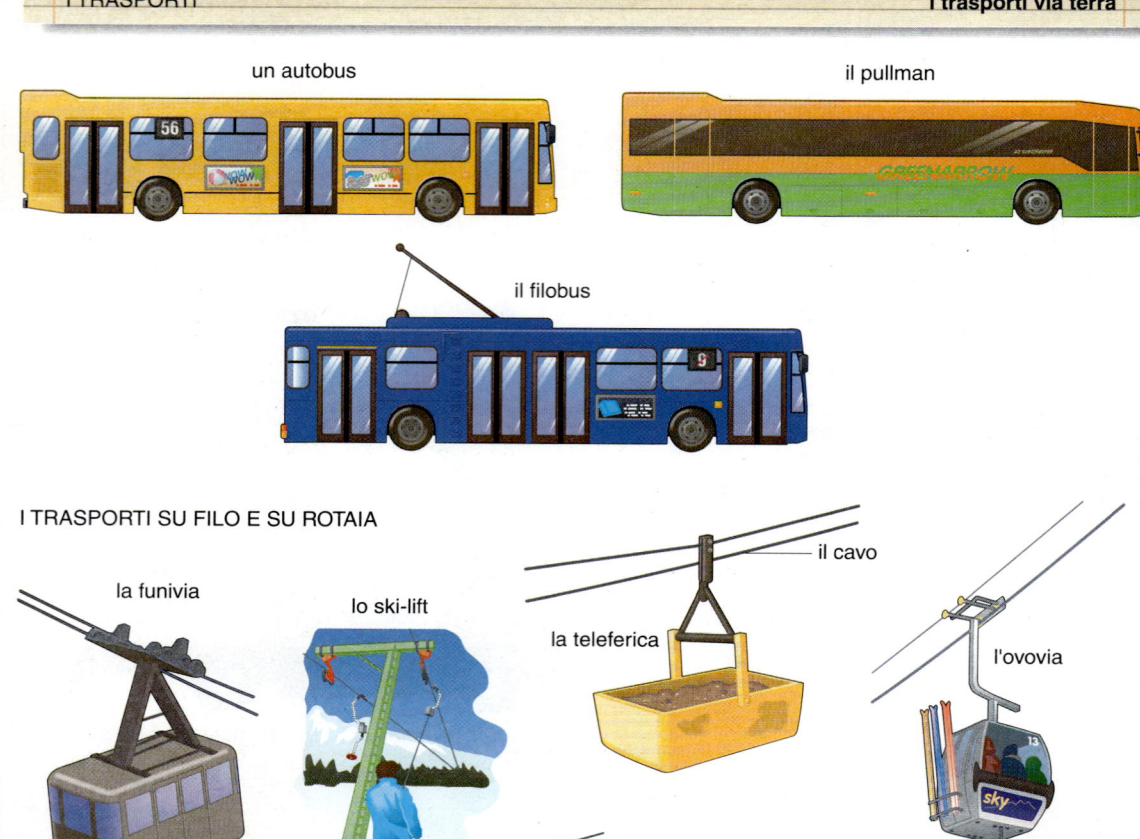

la funivia

lo ski-lift

la teleferica

il cavo

l'ovovia

la seggiovia

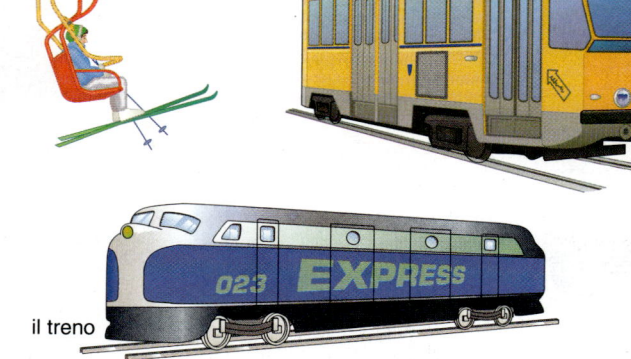

il tram

la funicolare

il treno

la metropolitana

I TRASPORTI VIA TERRA
circolare, trainare, transitare, trasportare

I TRASPORTI　　　　　　　　　　　　　　　　　　　　　　　　　i trasporti via terra - *su rotaia*

- il deposito bagagli
- la biglietteria
- gli sportelli
- il pannello orario
- la pensilina
- il numero del binario
- il marciapiede
- il binario
- la sala d'aspetto
- il facchino

LA STAZIONE FERROVIARIA

- il carro cisterna
- il fischietto
- il carro (o il vagone) merci
- il pantografo
- il/la macchinista
- la cabina del macchinista
- il rimorchio
- il/la capostazione
- il controllore
- i respingenti
- il portabagagli
- il sedile

LA LOCOMOTIVA

LA CARROZZA PASSEGGERI

- la cabina di segnalazione
- il semaforo
- il binario morto
- la massicciata
- lo scambio
- le traversine

LA FERROVIA

IL TRENO
deragliare, fermarsi, fischiare, frenare, partire, passare, rallentare, sbuffare, snodarsi

I TRASPORTI

i trasporti via aria

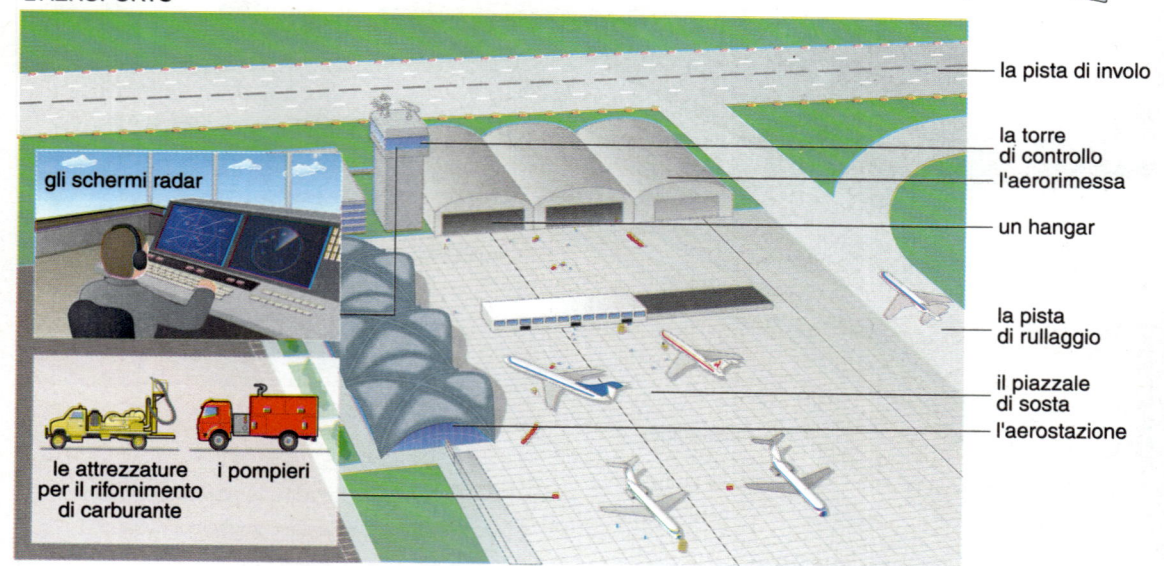

l'elicottero

l'aeroplano

un aliante

la mongolfiera

il dirigibile

un idrovolante

il pilota
il comandante
la hostess
lo steward

I TRASPORTI VIA ARIA
atterrare, decollare, impennare, invertire/mutare/seguire la rotta, perdere/prendere quota, planare, sorvolare, virare, volare

il jet militare

il deltaplano

L'EQUIPAGGIO

L'AEROPORTO

gli schermi radar

le attrezzature per il rifornimento di carburante

i pompieri

la pista di involo
la torre di controllo
l'aerorimessa
un hangar
la pista di rullaggio
il piazzale di sosta
l'aerostazione

I TRASPORTI

i trasporti via acqua

- il peschereccio
- il motoscafo
- la barca a vela
- un hovercraft
- la boa
- la barca a remi
- il remo
- lo yacht
- la canoa
- la chiatta
- il traghetto
- l'aliscafo
- la portaerei
- la nave cisterna

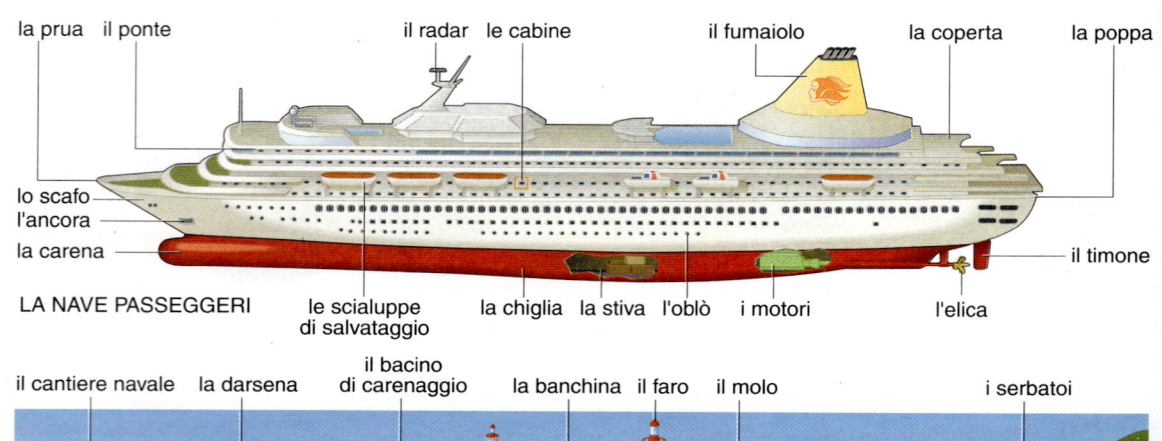

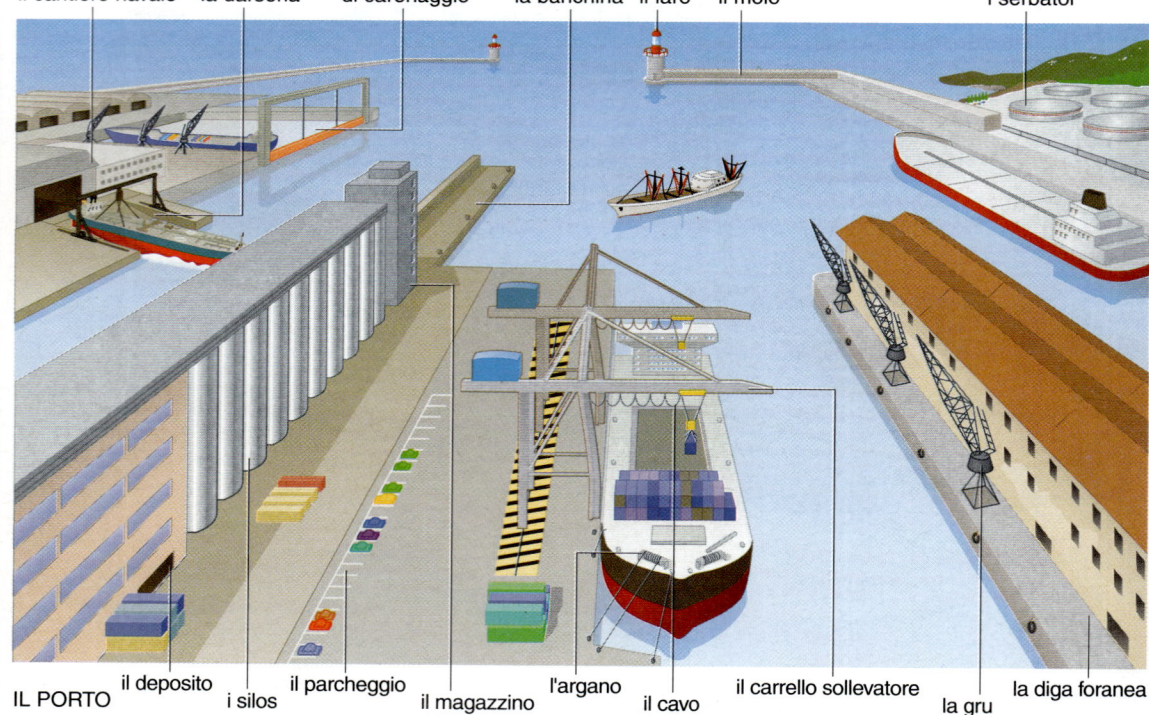

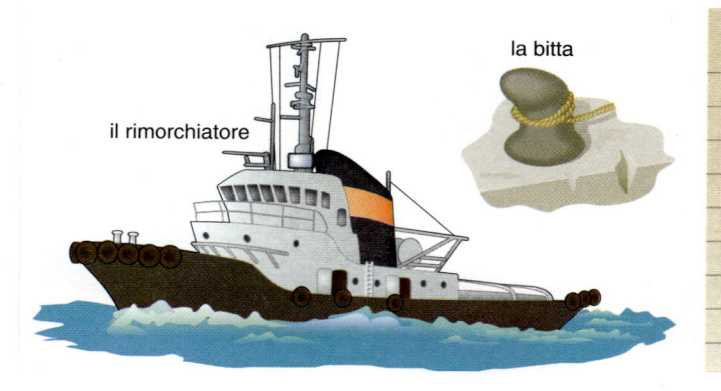

I TRASPORTI

i trasporti via acqua

LA NAVE PASSEGGERI

- la prua
- il ponte
- il radar
- le cabine
- il fumaiolo
- la coperta
- la poppa
- lo scafo
- l'ancora
- la carena
- le scialuppe di salvataggio
- la chiglia
- la stiva
- l'oblò
- i motori
- l'elica
- il timone

IL PORTO

- il cantiere navale
- la darsena
- il bacino di carenaggio
- la banchina
- il faro
- il molo
- i serbatoi
- il deposito
- i silos
- il parcheggio
- il magazzino
- l'argano
- il cavo
- il carrello sollevatore
- la gru
- la diga foranea

il rimorchiatore

la bitta

I TRASPORTI VIA ACQUA

affondare, andare alla deriva, approdare, attraccare, circumnavigare, disincagliarsi, entrare in porto, imbarcarsi, inabissarsi, incagliarsi, insabbiarsi, levare l'ancora, naufragare, navigare, remare, salire a bordo, salpare, sbarcare, solcare il mare, tracciare la rotta, varare una nave

LE COMUNICAZIONI · la stampa-*il giornale*

- l'articolo di fondo
- la testata
- l'occhiello
- la manchette
- il titolo
- il sottotitolo
- l'articolo di taglio medio
- la colonna
- l'articolo di taglio basso
- il sommario
- l'articolo di spalla
- la fotografia
- la didascalia
- il sommario di un articolo

QUOTIDIANO

Anno XVII N. 00 — Interno — Mercoledì 03.07.1996 L. 1.500

Grave crisi in un momento difficile
IL GOVERNO SI È DIMESSO
Il tripartito di Rumor con l'appoggio esterno del Pri
Grave crisi in un momento difficile del paese

RIPARATA LA NAVICELLA DANNEGGIATA
ASTRONAUTA: RECORD DI PERMANENZA NELLO SPAZIO

Due bombe in ventiquattro ore
IL TERRORISMO COLPISCE
Altri cinque fatti di paura

LA LIRA SEMPRE PIÙ IN ALTO
Raggiunta la quota di 0000 sulla lira
E per la borsa un'altra batosta

COSTO SPORT — Operazione di principio
Nuovi attacchi del Xwy al governo

SOTTO ALL'ATTACCO
L'onorevole non deve fare il principe illuminato

INTERVISTA
ITALIANI ATTENTI ALLA SVEGLIA

Prigione
Dopo parecchio tempo il prigioniero riprende a mangiare — 8

Braccio di ferro
Mi consegno ma non mandatemi via — 12

Morto Wixert
Uno dei più anziani teologi contemporanei — 16

CASO POTERE — Lo scontro continua, il ministro gelido
OGNI POTERE HA IL SUO SPAZIO IN AULA

ARTICOLO EDUCAZIONE SCUOLA LAVORO

SCUOLA EDUCAZIONE E LAVORO

99

LE COMUNICAZIONI — la stampa

il quotidiano

le riviste

il fumetto

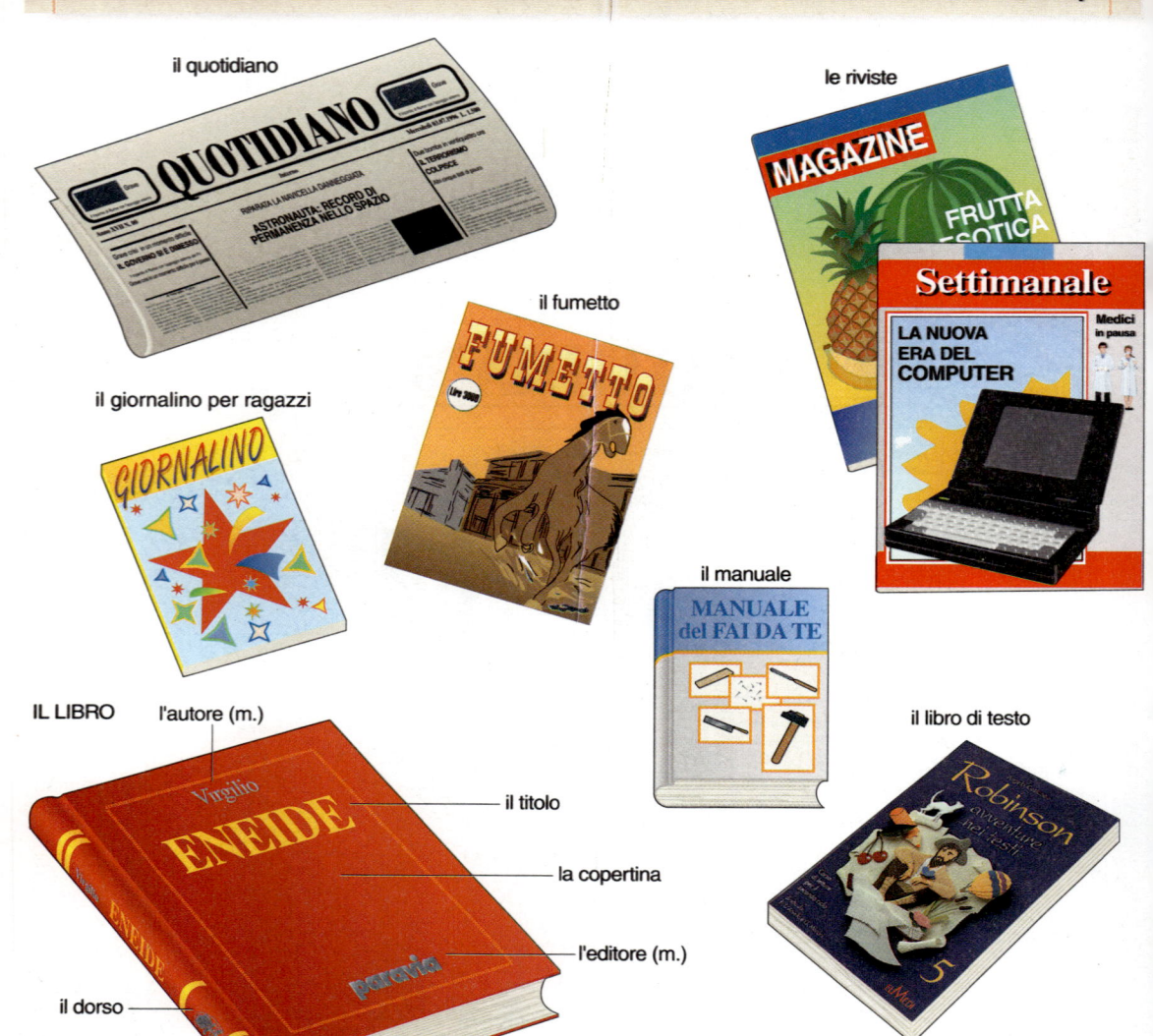

il giornalino per ragazzi

il manuale

IL LIBRO
- l'autore (m.)
- il titolo
- la copertina
- l'editore (m.)
- il dorso

il libro di testo

l'enciclopedia

LA STAMPA
commentare, confermare/diffondere/riferire/riportare/spargere una notizia, informare, pubblicare

IL GIORNALISTA
comporre/redigere/stendere/titolare un articolo, fare un pezzo, scrivere

LE COMUNICAZIONI — la registrazione, la trasmissione e la diffusione del suono

un altoparlante

il compact disc o il CD

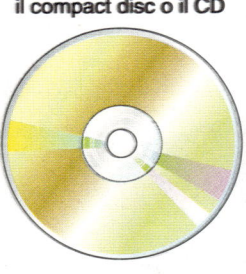

IL GIRADISCHI

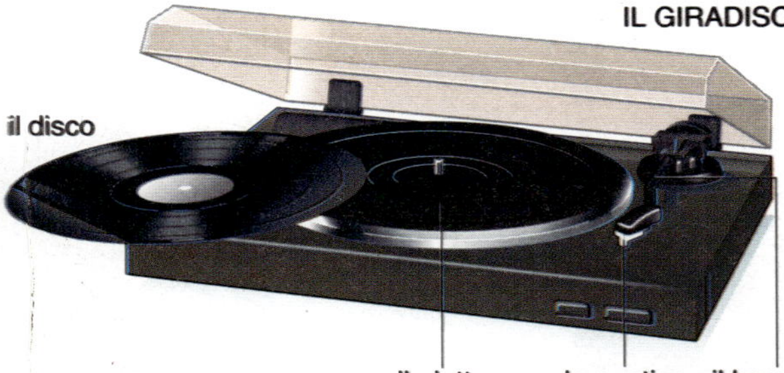

il disco

il piatto — la puntina — il braccio

la cassa acustica

un amplificatore

il microfono

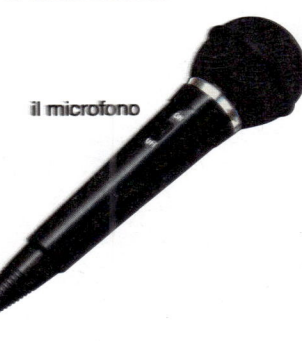

il lettore CD

la cuffia

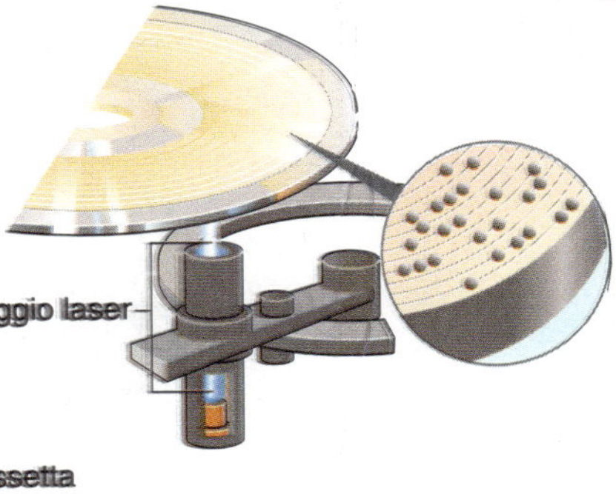

il raggio laser

IL WALKMAN

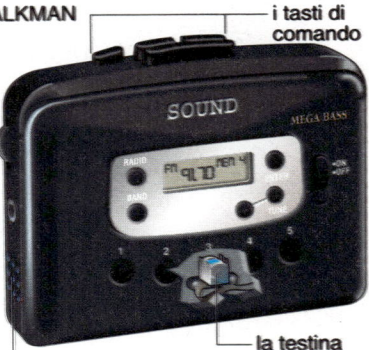

i tasti di comando

il microfono

la testina

la musicassetta

IL SUONO

amplificare, ascoltare, incidere, mixare, registrare, riprodurre

LE COMUNICAZIONI   le telecomunicazioni-*il telefono*

il telefono cellulare

la cornetta
la suoneria
la tastiera
il cordone

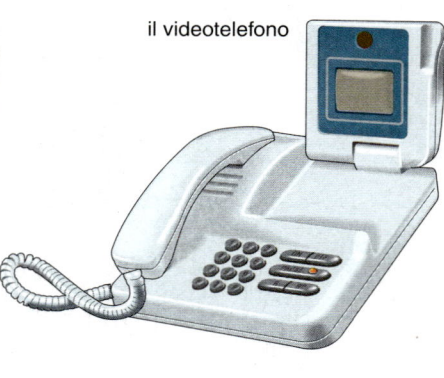

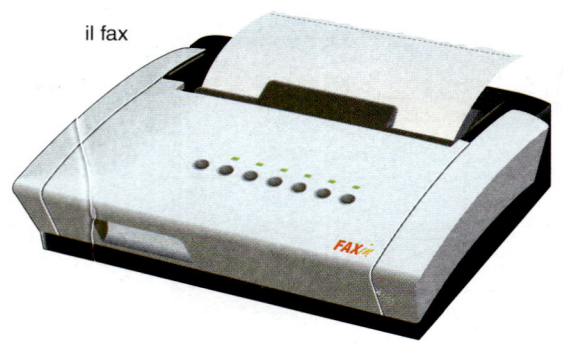

L'APPARECCHIO TELEFONICO

il telefono portatile

il videotelefono

la segreteria telefonica

il fax

LE COMUNICAZIONI | le telecomunicazioni-*il telefono*

il citofono

il videocitofono

la cabina telefonica

IL TELEFONO PUBBLICO
A MONETA E A SCHEDA

la fessura per l'inserimento delle monete

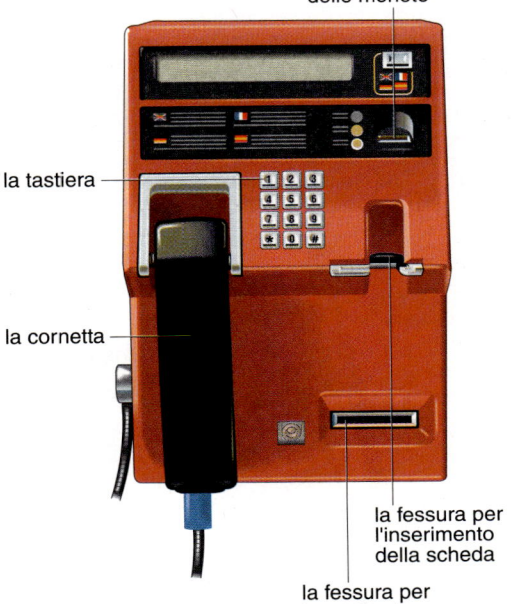

la tastiera

la cornetta

la fessura per l'inserimento della scheda

la fessura per la restituzione della scheda

la scheda magnetica

IL TELEFONO

cadere la linea, chiamare/rispondere al telefono, dare un colpo di telefono, richiamare, squillare, suonare, telefonare

LE COMUNICAZIONI

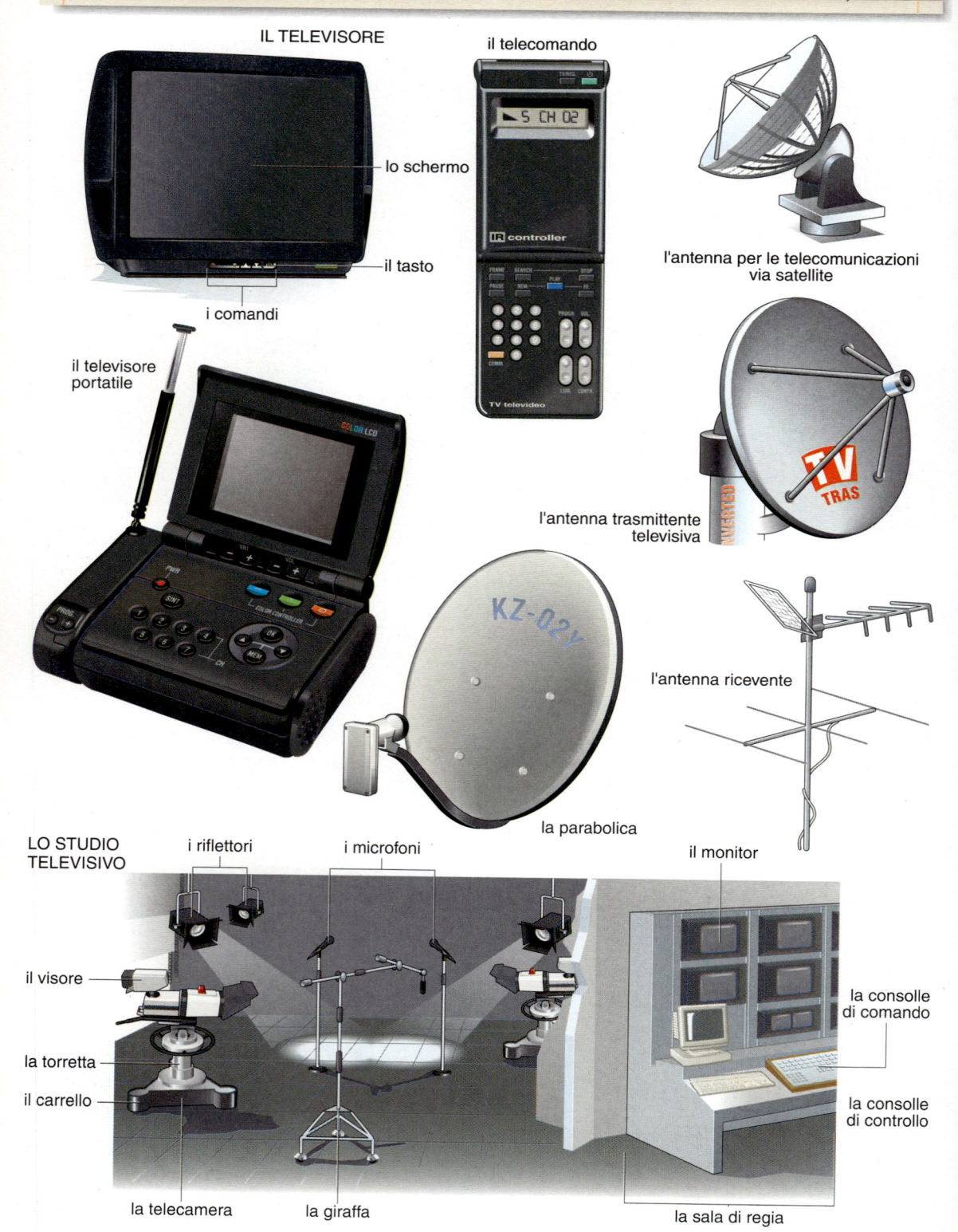

le telecomunicazioni - *la televisione, la radio*

IL TELEVISORE

- lo schermo
- il tasto
- i comandi
- il televisore portatile

il telecomando

- l'antenna per le telecomunicazioni via satellite
- l'antenna trasmittente televisiva
- l'antenna ricevente
- la parabolica

LO STUDIO TELEVISIVO

- i riflettori
- i microfoni
- il monitor
- il visore
- la torretta
- il carrello
- la telecamera
- la giraffa
- la consolle di comando
- la consolle di controllo
- la sala di regia

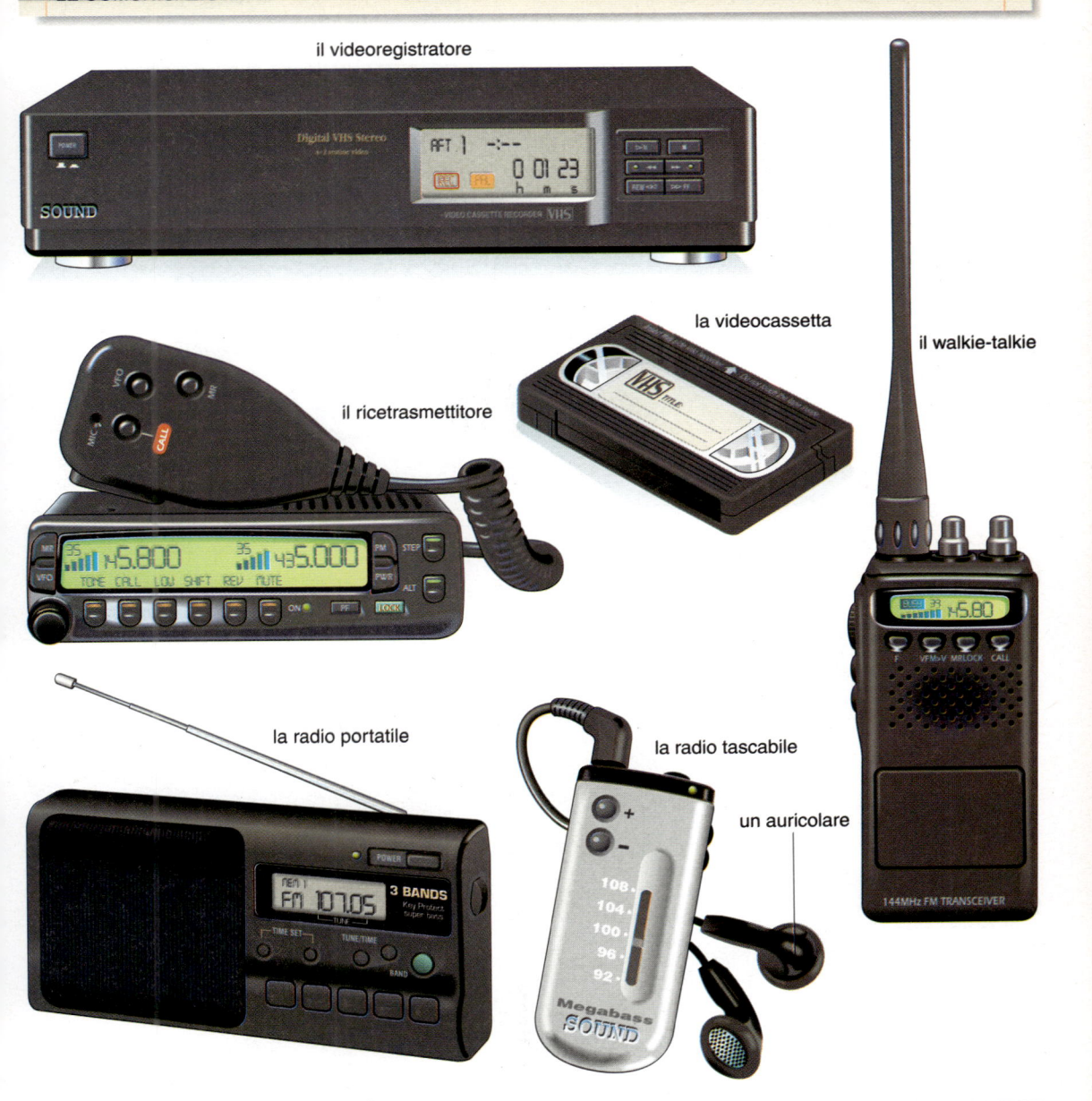

LE COMUNICAZIONI — le telecomunicazioni - *la televisione, la radio*

il videoregistratore

la videocassetta

il walkie-talkie

il ricetrasmettitore

la radio portatile

la radio tascabile

un auricolare

un'autoradio

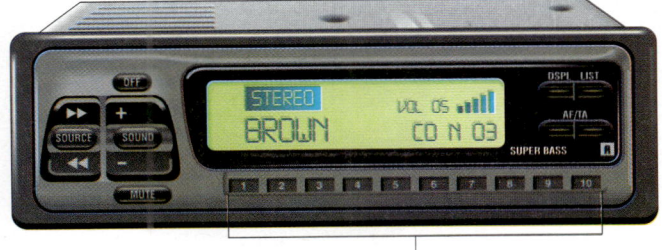

i tasti

LA RADIO, LA TELEVISIONE
abbassare/alzare il volume, accendere, ascoltare, comunicare, diffondere, divulgare, informare, mandare/mettere in onda un programma, ricevere, sintonizzare, sintonizzarsi, spegnere, trasmettere

LE COMUNICAZIONI

la fotografia-gli strumenti

LA MACCHINA FOTOGRAFICA

- la leva di riavvolgimento della pellicola
- il mirino
- la leva per l'avanzamento della pellicola
- il bottone di scatto dell'otturatore
- il corpo della macchina
- l'otturatore (m.)
- il diaframma a iride
- l'obiettivo
- la ghiera per la messa a fuoco

la diapositiva

la pellicola — il rullino

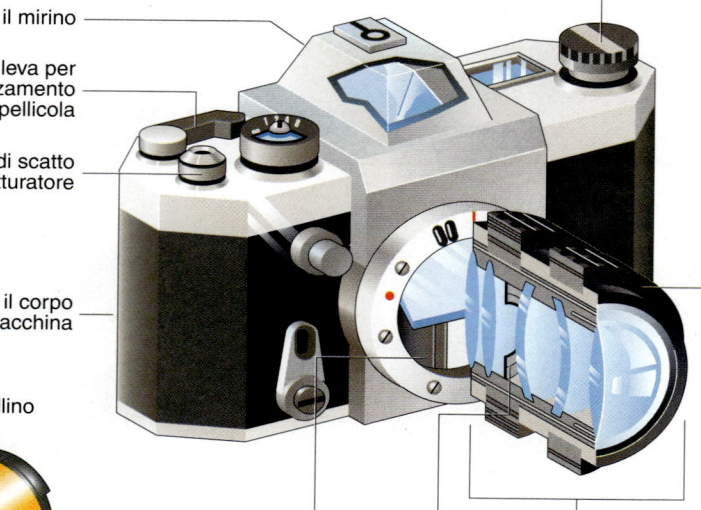

il proiettore per le diapositive

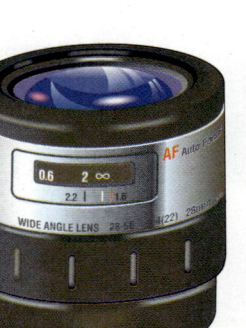

il grandangolo

lo zoom

il flash

LA FOTOGRAFIA

fotografare, ingrandire, inquadrare un soggetto, mettere a fuoco, scattare, stampare, sviluppare

LE COMUNICAZIONI **la fotografia**-*il linguaggio fotografico*

il campo lungo (CL)

il campo medio (CM)

il primo piano (PP)

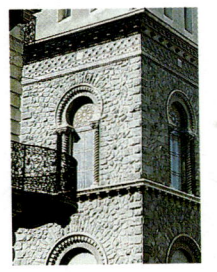

il dettaglio o particolare (DT o PART)

il soggetto ripreso dall'alto

il campo lunghissimo (CLL)

un'angolazione frontale

un'angolazione laterale

il soggetto ripreso dal basso

LE COMUNICAZIONI — l'informatica

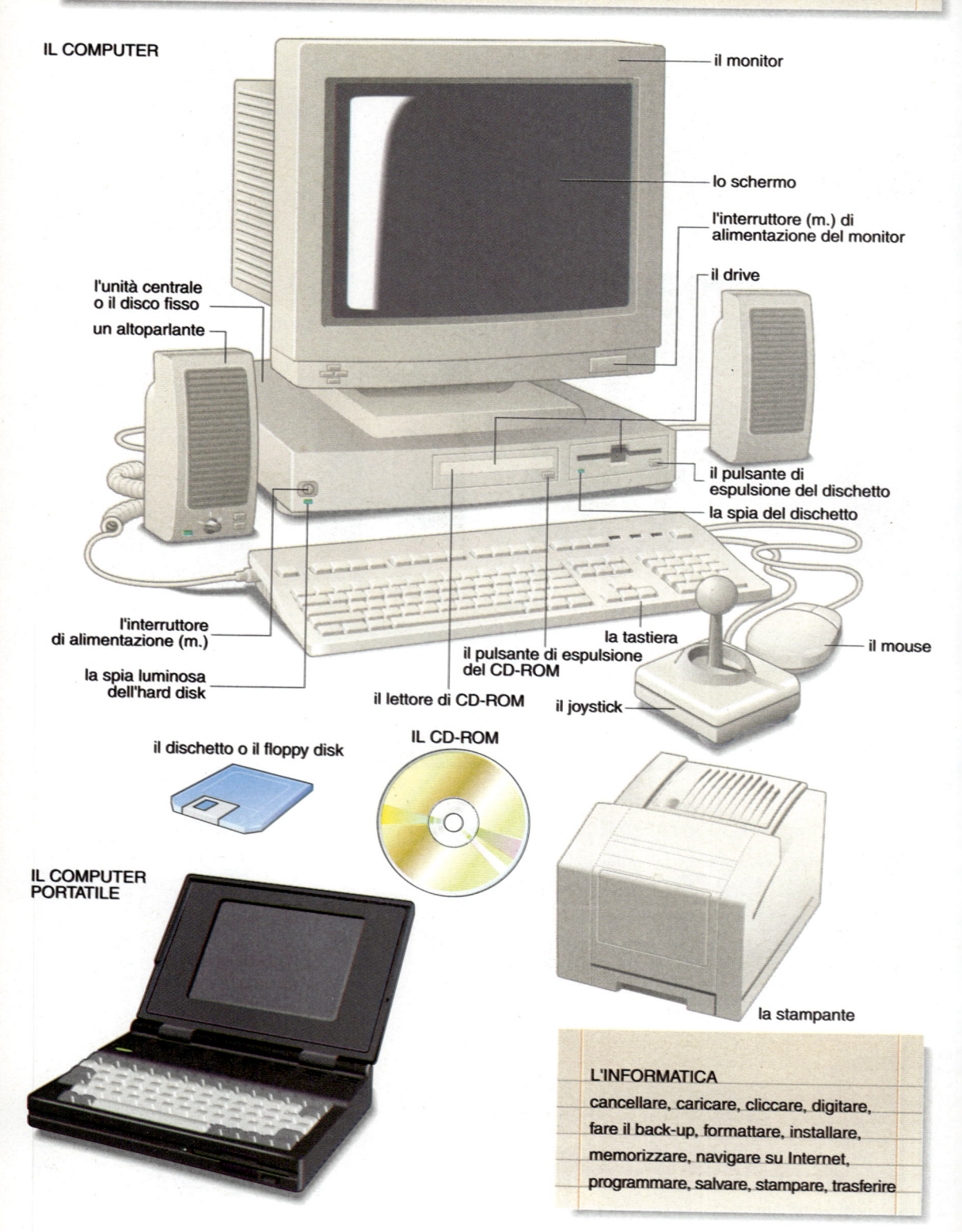

IL COMPUTER

- il monitor
- lo schermo
- l'interruttore (m.) di alimentazione del monitor
- il drive
- l'unità centrale o il disco fisso
- un altoparlante
- il pulsante di espulsione del dischetto
- la spia del dischetto
- l'interruttore di alimentazione (m.)
- la tastiera
- il pulsante di espulsione del CD-ROM
- il mouse
- la spia luminosa dell'hard disk
- il lettore di CD-ROM
- il joystick

il dischetto o il floppy disk

IL CD-ROM

la stampante

IL COMPUTER PORTATILE

L'INFORMATICA

cancellare, caricare, cliccare, digitare, fare il back-up, formattare, installare, memorizzare, navigare su Internet, programmare, salvare, stampare, trasferire

L'ARTE   la musica

GLI STRUMENTI A CORDA

l'archetto

il violoncello

il contrabbasso

le corde

il violino

la viola

il mandolino

il banjo

la chitarra

la balalaica

l'arpa

il leggio
lo spartito
la tastiera
lo sgabello

IL PIANOFORTE

i pedali

LA MUSICA
accompagnare, accordare/scordare uno strumento, battere il tempo, comporre, improvvisare, intonare, musicare, percuotere, pizzicare, solfeggiare, strimpellare, suonare, tenere una nota

L'ARTE la musica

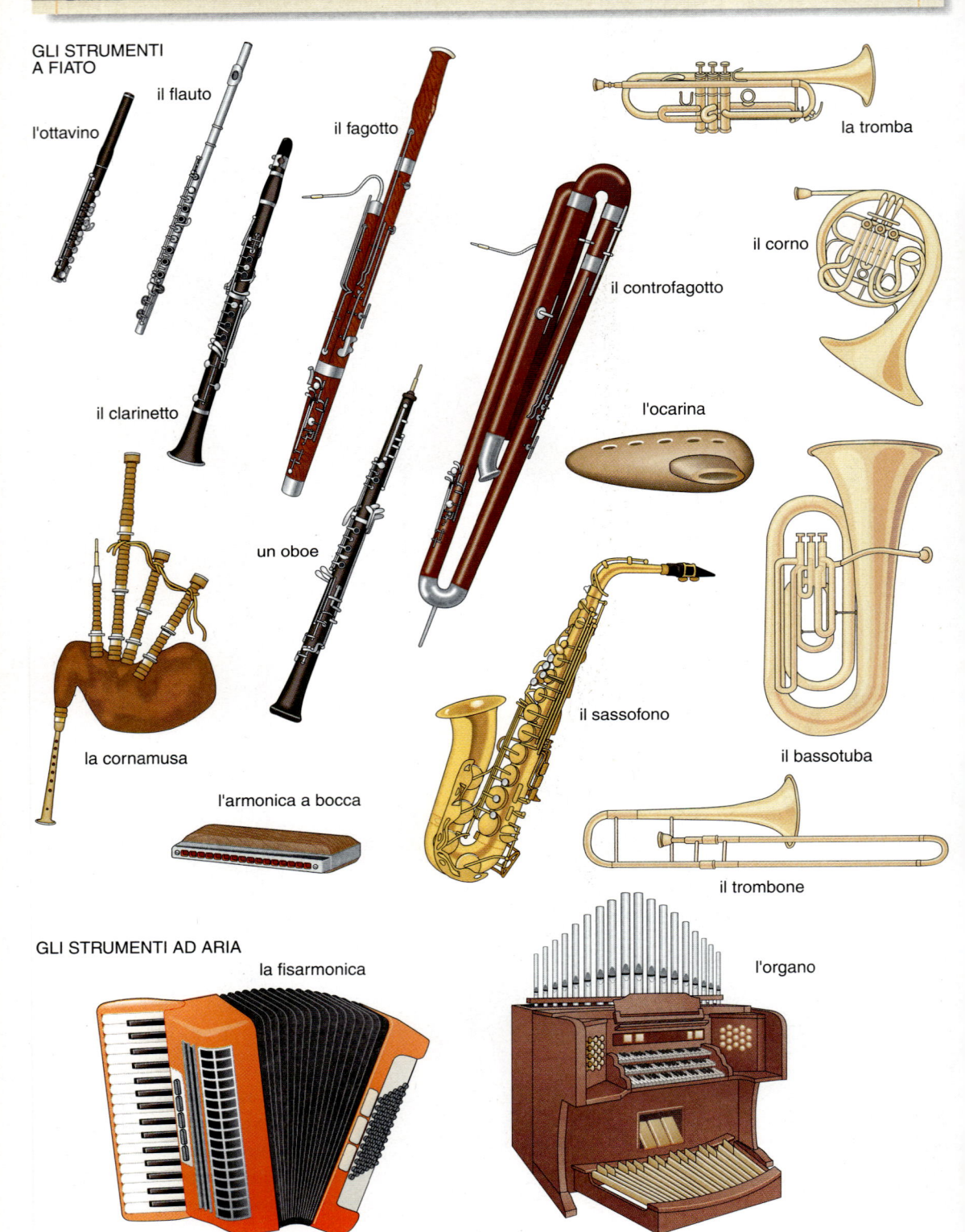

GLI STRUMENTI A FIATO

l'ottavino
il flauto
il fagotto
la tromba
il clarinetto
il controfagotto
il corno
un oboe
l'ocarina
la cornamusa
il sassofono
il bassotuba
l'armonica a bocca
il trombone

GLI STRUMENTI AD ARIA

la fisarmonica
l'organo

L'ARTE   la musica

GLI STRUMENTI A PERCUSSIONE

- il tamburo
- la grancassa
- i piatti
- il timpano
- le nacchere
- il tamburello
- le maracas
- la batteria
- il triangolo
- lo xilofono
- il gong
- i bongos
- il vibrafono

L'ORCHESTRA

- l'arpa
- I FIATI
  - gli ottoni
  - i legni
- le percussioni
- gli archi
- gli archi
- il leggio
- la bacchetta
- il direttore
- il podio

IL COMPLESSO ROCK

- la batteria
- il microfono
- gli amplificatori
- il basso
- la chitarra elettrica
- l'organo elettronico

L'ARTE   pittura-*tecniche*

DIPINTO (Vasilij Kandinskij)

AFFRESCO (Ambrogio Lorenzetti)

ACQUERELLO (Paul Klee)

DISEGNO (Ferdinando Botero)

MOSAICO
(Chiesa di Sant'Apollinare Nuovo, Ravenna)

COLLAGE (Man Ray)

L'ARTE — **la pittura**-*gli strumenti*

le matite
B
H
HB

i pastelli a olio

i pennelli

i pastelli

i pennarelli

i pastelli a cera

gli acquerelli

i colori a tempera

la tavolozza

i colori a olio

la tela

il cavalletto

LA PITTURA
abbozzare, accostare i colori, affrescare, colorare, decorare, dipingere, imbrattare la tela, pennellare, raffigurare, rappresentare, riprodurre, ritrarre, schizzare

L'ARTE — la scultura

LA STATUA (Mirone)

IL BASSORILIEVO
(Particolare della Colonna Traiana, Roma)

L'ALTORILIEVO (Michelangelo Buonarroti)

LA SCULTURA A TUTTO TONDO
(Constantin Brancusi)

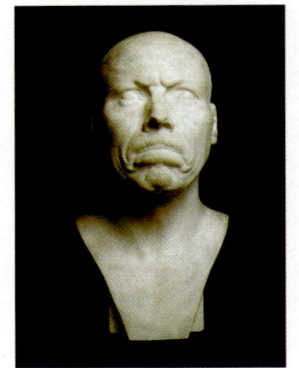

IL BUSTO
(Franz Xaver Messerschmidt)

LA SCULTURA IN LEGNO (Henry Moore)

L'ARTE
la scultura - gli arnesi

le stecche

la lima

il martello

la sgorbia

lo scalpello

la subbia

la tela smerigliata

la gradina

l'unghia

il mazzuolo

la mazza

la raspa

il seghetto

LA SCULTURA
intagliare, levigare, modellare, plasmare, scalpellare, scolpire

il trapano a corda

L'ARTE   il teatro

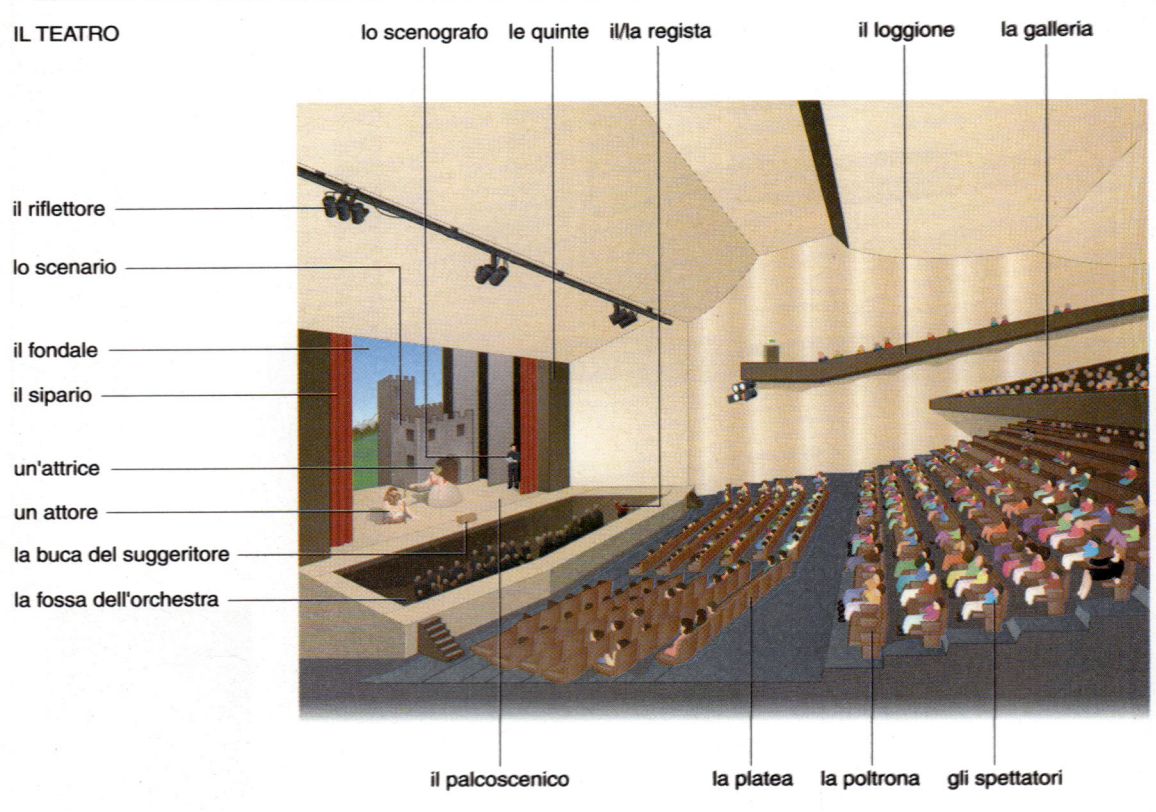

IL TEATRO

- lo scenografo
- le quinte
- il/la regista
- il loggione
- la galleria
- il riflettore
- lo scenario
- il fondale
- il sipario
- un'attrice
- un attore
- la buca del suggeritore
- la fossa dell'orchestra
- il palcoscenico
- la platea
- la poltrona
- gli spettatori

IL TEATRO DEI BURATTINI

- il burattinaio
- la croce
- il filo
- la scena
- la marionetta
- il sipario
- la baracca
- il burattino

LA COMPAGNIA TEATRALE
andare in scena, debuttare, esibirsi, esordire, impersonare, inscenare, interpretare, provare, rappresentare, recitare, replicare

GLI SPETTATORI
applaudire, apprezzare, assistere, criticare, fare la coda, fischiare, pagare il biglietto, prenotare

L'ARTE — il cinema, il circo

IL CINEMA

- la sala cinematografica
- la pellicola
- la cabina di proiezione
- un operatore
- il proiettore
- l'uscita di sicurezza
- la maschera
- il corridoio
- le poltrone
- lo schermo

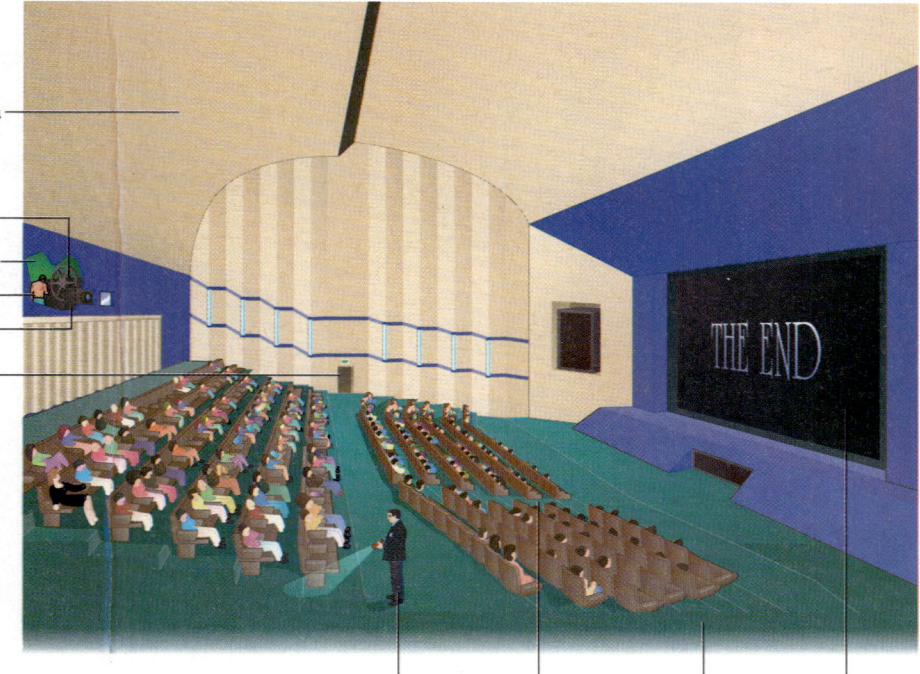

IL CINEMA
doppiare, filmare/girare/riprendere una scena, mixare, montare, proiettare

IL CIRCO

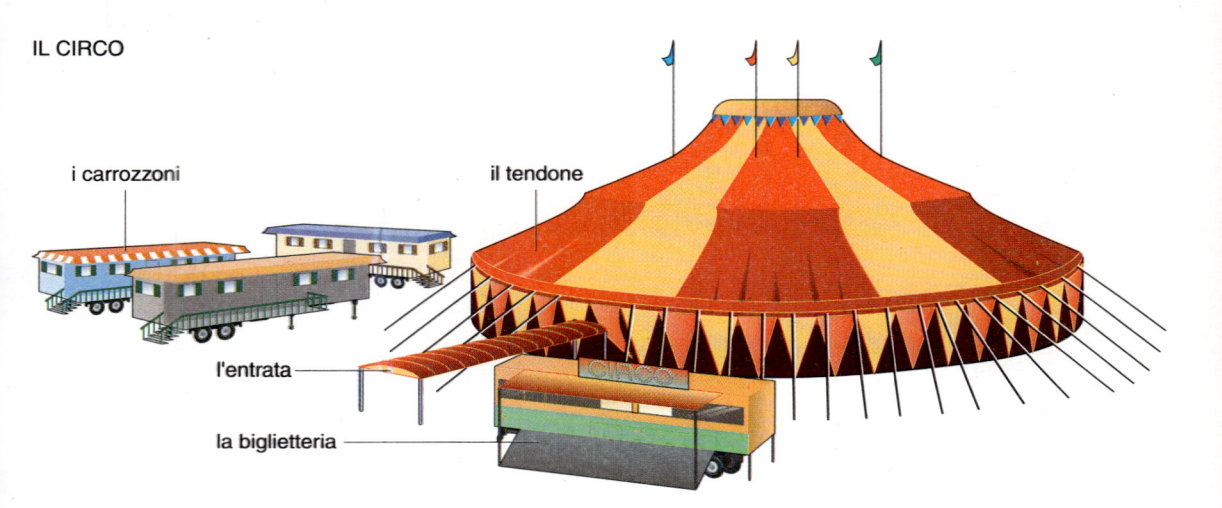

- i carrozzoni
- il tendone
- l'entrata
- la biglietteria

L'ARTE il circo

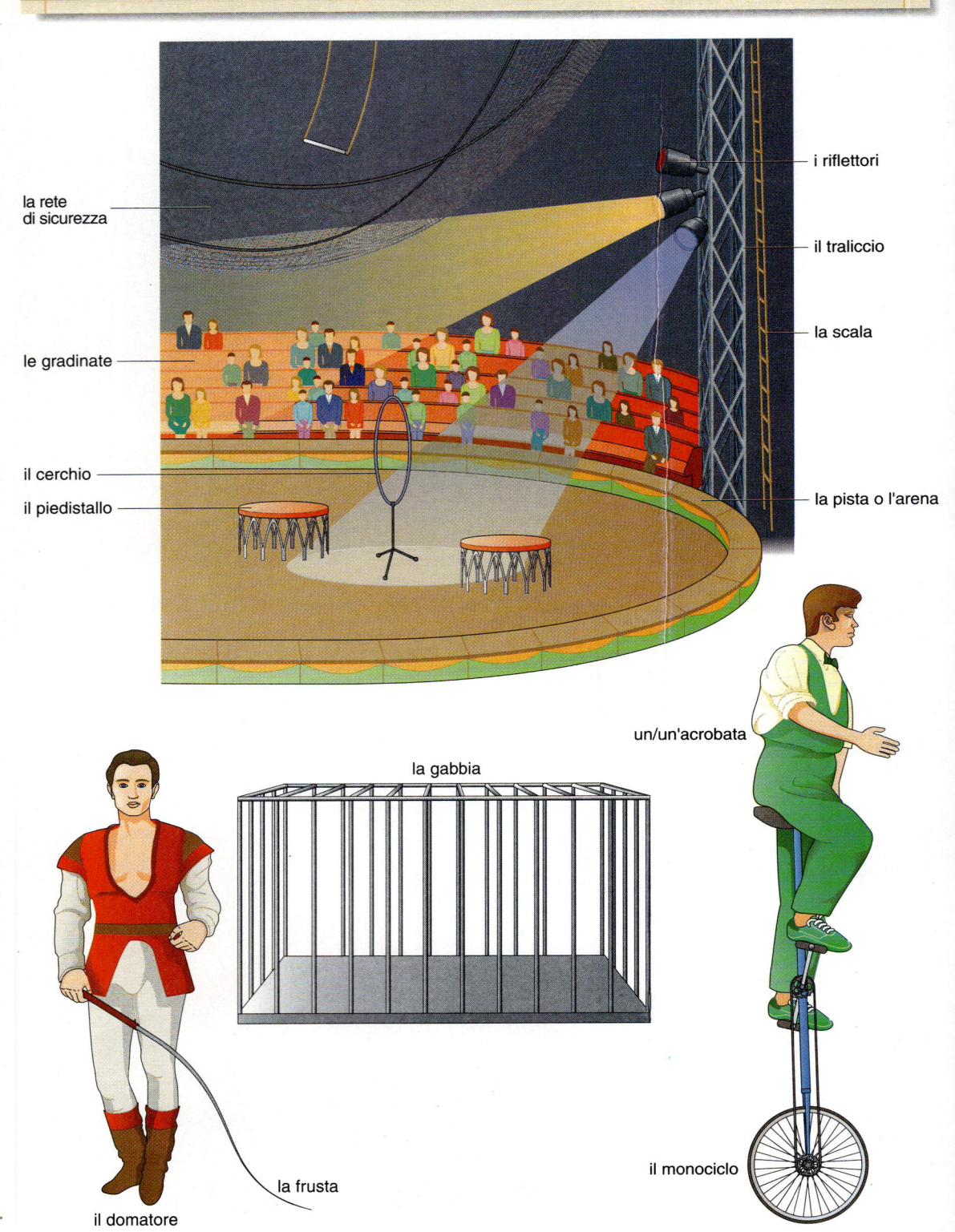

- la rete di sicurezza
- i riflettori
- il traliccio
- la scala
- le gradinate
- il cerchio
- il piedistallo
- la pista o l'arena
- un/un'acrobata
- la gabbia
- il monociclo
- la frusta
- il domatore

L'ARTE · il circo

- il trapezio
- il/la trapezista
- il cavallerizzo
- la pertica
- un/un'equilibrista
- il/la contorsionista
- il pagliaccio
- il giocoliere
- il prestigiatore

LE ATTIVITÀ RICREATIVE

il gioco

- l'altalena sospesa
- l'altalena a bilico
- la giostra
- lo scivolo
- il castello
- la corda
- il triciclo
- l'automobilina a pedali
- il monopattino
- i birilli
- i tamburelli
- il secchiello
- la paletta
- le formine
- il pattino a rotelle
- il setaccio
- la bambola
- la palla
- il pupazzo
- gli incastri
- il puzzle
- la trottola

LE ATTIVITÀ RICREATIVE

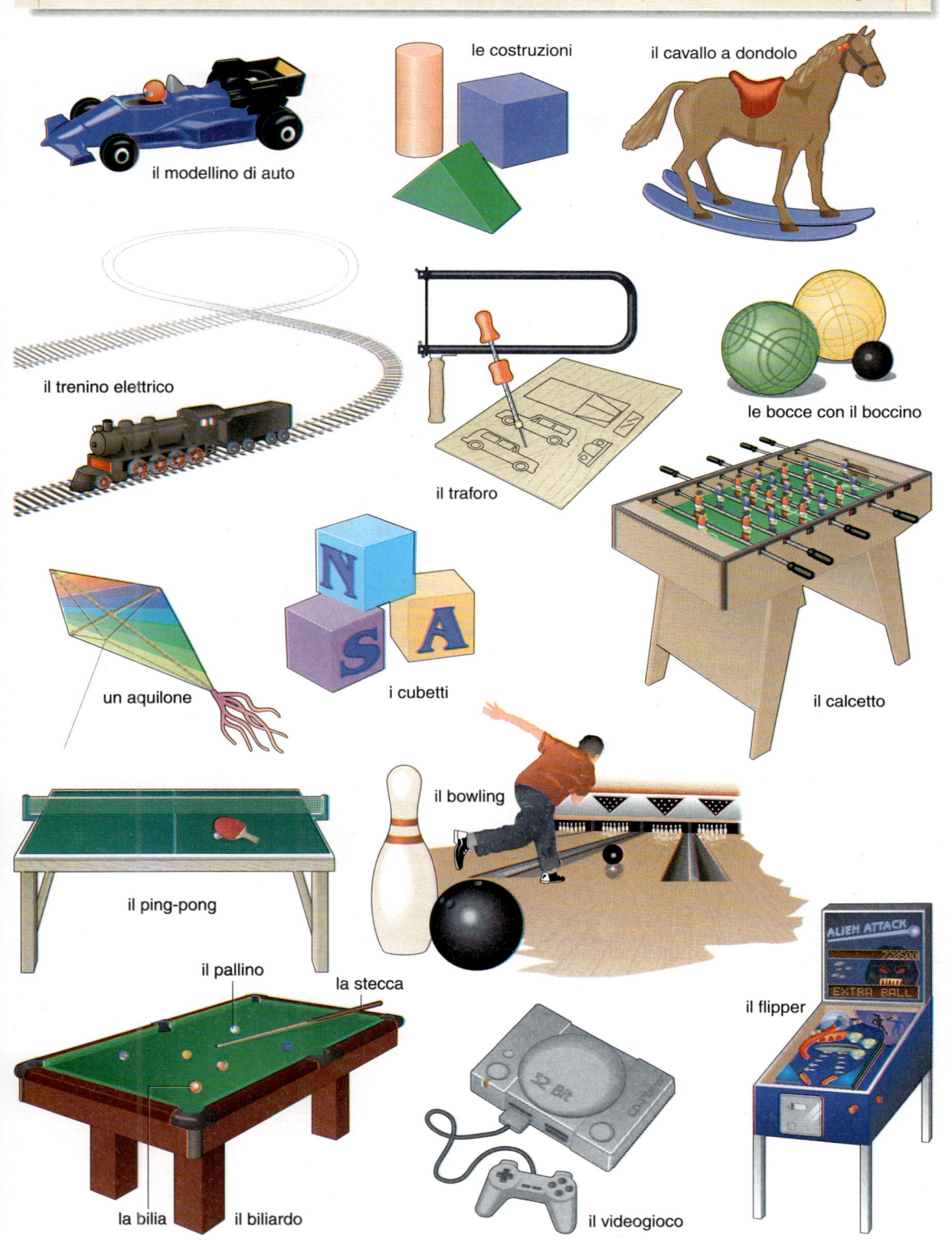

il gioco

- il modellino di auto
- le costruzioni
- il cavallo a dondolo
- il trenino elettrico
- il traforo
- le bocce con il boccino
- un aquilone
- i cubetti
- il calcetto
- il ping-pong
- il bowling
- il flipper
- il pallino
- la stecca
- la bilia
- il biliardo
- il videogioco

LE ATTIVITÀ RICREATIVE — i giochi di società

LA DAMA

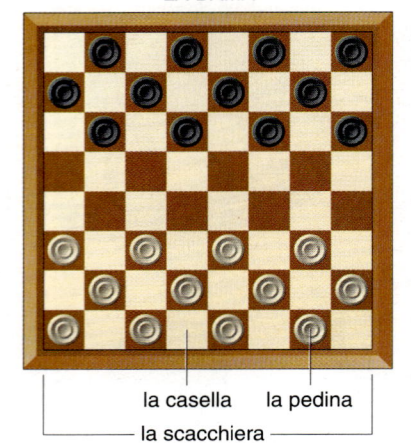

la casella   la pedina
la scacchiera

i dadi

GLI SCACCHI

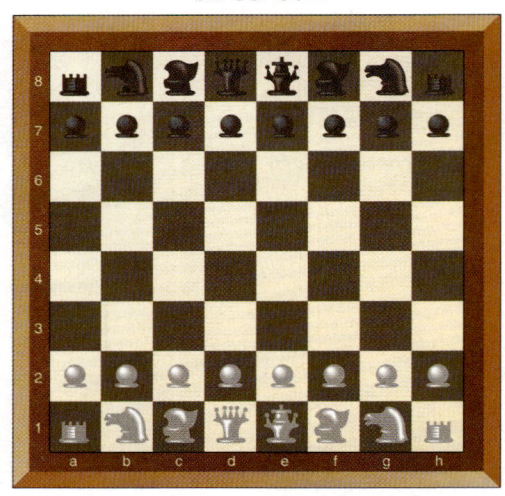

il pedone   il re   la regina   la torre   l'alfiere (m.)   il cavallo

il domino

la tessera

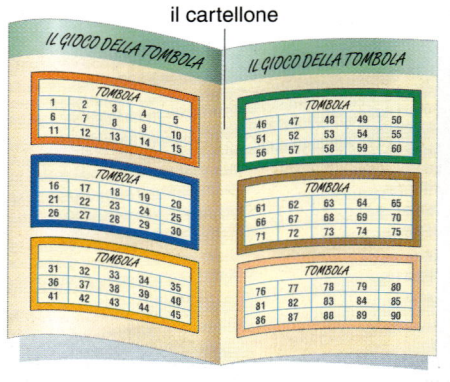

le carte da gioco francesi
il re   la regina

l'asso   il fante

le carte da gioco trevisane

LA TOMBOLA

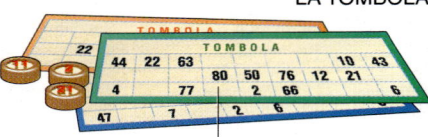

le cartelle
il cartellone

IL GIOCO

distrarsi, divertirsi, giocare, partecipare, perdere, ridere, vincere

INDICE ANALITICO

abaco, *elementi di architettura* 56
abat-jour, *casa-camera da letto* 62
abbaino, *casa* 58
abbassalingua, *ambulatorio medico* 87
abbazia, *elementi di architettura* 56
abbeveratoio, *fattoria* 65
ABBIGLIAMENTO 50-54
abete rosso, *ambienti naturali-bosco di conifere* 17
abitacolo, *trasporti via terra-automobile* 91
ABITAZIONI 55
abito da sera, *abbigliamento* 51
abside, *elementi di architettura* 56
acacia, *ambienti naturali-savana* 26
accappatoio, *casa-bagno* 63
accendigas, *casa-cucina* 60
accendisigari, *trasporti via terra-automobile* 91
accetta, *arnesi da lavoro* 79
acino, *coltivazioni-frutta* 70
acqua minerale, *supermercato* 80
acquerelli, *pittura-strumenti* 113
acquerello, *pittura-tecniche* 112
acrobata, *circo* 118
addome, *corpo umano* 34
aeroplano, *trasporti via aria* 96
aeroporto, *trasporti via aria* 96
aerorimessa, *trasporti via aria* 96
aerostazione, *trasporti via aria* 96
affluente, *paesaggi geografici-fiume* 12
affresco, *pittura-tecniche* 112
affumicatore, *apicoltura* 73
agave, *ambienti naturali-macchia mediterranea* 21
aglio, *coltivazioni-ortaggi* 69
agnello, *fattoria* 65
ago, *ambulatorio medico* 87
ago, *cucito* 54
agoraio, *cucito* 54
agricoltore, *fattoria* 65
aguglia, *ambienti naturali-mare* 33
airbag, *trasporti via terra-automobile* 91
airone cinerino, *ambienti naturali-stagno* 31
aiuola, *città* 57
aiuola, *giardinaggio* 74
ala, *sport-deltaplano* 48
alamaro, *abbigliamento* 53
albero, *giardinaggio* 74
albero, *sport-vela, windsurf* 49
albicocca, *coltivazioni-frutta* 70
album da disegno, *scuola* 85
alce, *ambienti naturali-ghiacci e tundra artica* 13
alfiere, *giochi di società* 122
alghe posidonie, *ambienti naturali-mare* 33
aliante, *trasporti via aria* 96
aliscafo, *trasporti via acqua* 97
allevatore, *fattoria* 66
allocco, *ambienti naturali-macchia mediterranea* 20
allodola, *ambienti naturali-prato* 22
alloro, *ambienti naturali-macchia mediterranea* 21
alloro, *coltivazioni-erbe aromatiche* 72
alpinismo, *sport* 40
alpinista, *sport-alpinismo* 40
altalena, *gioco* 120
alternatore, *energia* 8
altimetro, *sport-paracadutismo* 48
altocumulo, *meteorologia* 3
altoparlante,
 diffusione, registrazione e trasmissione del suono 101
altoparlante, *informatica* 108
altopiano, *paesaggi geografici-montagna* 12
altorilievo, *scultura* 114
altostrato, *meteorologia* 3

alunno, *scuola* 84
alveare, *apicoltura* 73
alveo, *paesaggi geografici-fiume* 12
alveolo, *corpo umano* 36
alzacristalli, *trasporti via terra-automobile* 91
alzavola, *ambienti naturali-stagno* 31
amarena, *coltivazioni-frutta* 70
AMBIENTI NATURALI 13-33
ambulanza, *trasporti via terra* 93
AMBULATORIO MEDICO 87
ametista, *pietre preziose* 5
ammortizzatore, *trasporti via terra-automobile* 91
ammortizzatore, *trasporti via terra-motocicletta* 90
amplificatore,
 diffusione, registrazione e trasmissione del suono 101
amplificatori, *musica* 111
anaconda, *ambienti naturali-foresta tropicale* 25
ananas, *coltivazioni-frutta* 71
anatra, *fattoria* 65
ancora, *trasporti via acqua* 98
anelli, *palestra* 39
anello, *sport-pallacanestro* 42
anello di gomma, *laboratorio chimico* 86
anemometro, *meteorologia* 4
anemone, *ambienti naturali-bosco di latifoglie* 19
angolazione, *fotografia-linguaggio fotografico* 107
anguilla, *ambienti naturali-fiume* 28
annaffiatoio, *giardinaggio* 75
annullo, *ufficio postale* 83
ansa, *paesaggi geografici-fiume* 12
anta, *casa-camera da letto* 62
antenna, *astronomia* 2
antenna, *casa* 58
antenna, *trasporti via terra-automobile* 90
antenna, *telecomunicazioni-radio, televisione* 104
antilope, *ambienti naturali-savana* 26
ape, *ambienti naturali-prato* 23
ape, *apicoltura* 73
apicoltore, *apicoltura* 73
APICOLTURA 73
apparecchio telefonico, *telecomunicazioni-telefono* 102
appartamento, *abitazioni* 55
apribottiglie, *bar* 81
apribottiglie, *casa-cucina* 60
apriscatole, *casa-cucina* 60
aquila, *ambienti naturali-zone alpine d'alta quota* 15
aquilone, *gioco* 121
ara, *ambienti naturali-foresta tropicale* 24
arachide, *coltivazioni-frutta* 71
aragosta, *ambienti naturali-mare* 32
arancia, *coltivazioni-frutta* 70
aratro, *fattoria* 67
arbitro, *sport-calcio* 42
arbusto, *giardinaggio* 74
archetto, *musica* 109
archi, *musica* 111
ARCHITETTURA 56
arciere, *sport-tiro con l'arco* 47
arcipelago, *paesaggi geografici-mare* 11
arco, *elementi di architettura* 56
arco compound, *sport-tiro con l'arco* 47
area di porta, *sport-calcio* 42
area di rigore, *sport-calcio* 42
arena, *circo* 118
argano, *cantiere edile* 76
argano, *trasporti via acqua* 98
argilla, *rocce* 5
argine, *paesaggi geografici-fiume* 12
armadietto, *casa-bagno* 63
armadietto, *casa-cucina* 60

armadillo, *ambienti naturali-foresta tropicale* 25
armadio, *scuola* 84
armonica a bocca, *musica* 110
ARNESI DA LAVORO 78-79
arnia, *apicoltura* 73
arpa, *musica* 109, 111
arpia, *ambienti naturali-foresta tropicale* 25
ARTE 109-119
arteria, *corpo umano* 36
articolo, *stampa-giornale* 99
arto inferiore, *corpo umano* 34
arto superiore, *corpo umano* 34
arvicola delle nevi,
    ambienti naturali-zone alpine d'alta quota 15
asciugacapelli, *casa-bagno* 63
asciugamano, *casa-bagno* 63
asparagi, *coltivazioni-ortaggi* 68
aspirapolvere, *casa-pulizia* 64
asse da stiro, *casa-pulizia* 64
assi di legno, *cantiere edile* 77
asso, *giochi di società* 122
asta, *sport-tiro con l'arco* 47
asta di perforazione, *estrazione del petrolio* 10
asticella, *sport-atletica* 41
astronauta, *ricerca spaziale* 89
ASTRONOMIA 1-2
astronomo, *astronomia* 2
astuccio, *scuola* 85
atlante, *scuola* 85
atleta, *sport-atletica* 41
atletica, *sport* 41
attaccapanni, *casa* 62
attacco, *sport-sci, sci di fondo* 46
attico, *abitazioni* 55
ATTIVITÀ RICREATIVE 120-122
attizzatoio, *casa-salotto* 59
attore, *teatro* 116
attrezzi, *palestra* 38-39
attrice, *teatro* 116
aula, *scuola* 84
auricolare, *telecomunicazioni-radio, televisione* 105
austro, *meteorologia* 4
autoarticolato, *trasporti via terra* 92
autobetoniera, *trasporti via terra* 93
autobotte, *trasporti via terra* 93
autobus, *trasporti via terra* 94
autocarro ribaltabile, *cantiere edile* 76
autocisterna, *estrazione del petrolio* 10
autocisterna, *trasporti via terra* 93
autogrù, *trasporti via terra* 93
autoincendio, *pompieri* 88
automobile, *trasporti via terra* 90, 91
automobilina a pedali, *gioco* 120
autopompa, *pompieri* 88
autoradio, *telecomunicazioni-radio, televisione* 105
autoradio, *trasporti via terra-automobile* 91
autore, *stampa* 100
autoscala, *pompieri* 88
autotreno, *trasporti via terra* 92
autotreno per trasporto auto, *trasporti via terra* 93
avambraccio, *corpo umano* 34
averla, *ambienti naturali-macchia mediterranea* 21
avocado, *coltivazioni-frutta* 71
avocetta, *ambienti naturali-stagno* 30
avvoltoio, *ambienti naturali-savana* 26
babbuino, *ambienti naturali-savana* 26
bacchetta, *musica* 111
bacinella, *ambulatorio medico* 87
bacino, *corpo umano* 34, 35
bacino, *energia* 8

bacino di carenaggio, *trasporti via acqua* 98
badile, *cantiere edile* 77
badile, *giardinaggio* 75
badile, *miniera* 7
bagno, *casa* 63
baia, *paesaggi geografici-mare* 11
baita, *abitazioni* 55
balalaica, *musica* 109
balcone, *casa* 58
balena, *ambienti naturali-mare* 32
balza, *cucito* 53
bambina, *corpo umano* 34
bambino, *corpo umano* 34
bambola, *gioco* 120
banana, *coltivazioni-frutta* 71
bancarella, *città* 58
banchina, *trasporti via acqua* 98
banco, *bar* 81
banco, *laboratorio chimico* 86
banco, *scuola* 84
banco di vendita, *supermercato* 80
banco frigorifero, *supermercato* 80
bandiera, *sport-golf* 44
banjo, *musica* 109
baobab, *ambienti naturali-savana* 26
BAR 81
baracca, *teatro* 116
barbabietola, *coltivazioni-ortaggi* 69
barbagianni, *ambienti naturali-bosco di latifoglie* 19
barbo, *ambienti naturali-fiume* 28
barca, *trasporti via acqua* 97
barca a vela, *sport* 49
barile, *estrazione del petrolio* 10
barista, *bar* 81
barometro, *meteorologia* 3
barra del timone, *sport-vela* 49
base della colonna, *elementi di architettura* 56
baseball, *sport* 42
basilica, *elementi di architettura* 56
basilico, *coltivazioni-erbe aromatiche* 72
basso, *musica* 111
bassorilievo, *scultura* 114
bassotuba, *musica* 110
bastoncino, *sport-sci di fondo* 46
bastoni, *palestra* 39
bastoni da golf, *sport-golf* 44
batteria, *musica* 111
batteria, *trasporti via terra-automobile* 91
battipanni, *casa-pulizia* 64
baule, *trasporti via terra-automobile* 91
bavero, *abbigliamento* 52
becco Bunsen, *laboratorio chimico* 86
becher, *laboratorio chimico* 86
benda, *ambulatorio medico* 87
bermuda, *abbigliamento* 50
berretto, *abbigliamento* 50
berretto, *sport-sci* 46
bersaglio, *sport-tiro con l'arco* 47
betoniera, *cantiere edile* 76
beuta, *laboratorio chimico* 86
bibita, *supermercato* 80
bicchiere, *casa-cucina* 60
bicchieri, *bar* 81
bicicletta, *trasporti via terra* 90
bidè, *casa-bagno* 63
bietola, *coltivazioni-ortaggi* 68
bifora, *elementi di architettura* 56
biglietteria, *circo* 117
biglietteria, *trasporti via terra-su rotaia* 95
bilancia, *casa-cucina* 60

bilancia, *laboratorio chimico* 86
bilancia pesapacchi, *ufficio postale* 83
bilanciere, *palestra* 38
bile, *corpo umano* 36
bilia, *gioco* 121
biliardo, *gioco* 121
binario, *trasporti via terra-su rotaia* 95
binario morto, *trasporti via terra-su rotaia* 95
birilli, *gioco* 120
bisarca, *trasporti via terra* 93
biscia d'acqua, *ambienti naturali-stagno* 30
biscotti, *supermercato* 80
bisturi, *ambulatorio medico* 87
bitta, *trasporti via acqua* 98
blocco di partenza, *sport-atletica* 41
blocco di partenza, *sport-nuoto* 45
blue-jeans, *abbigliamento* 50
boa, *ambienti naturali-foresta tropicale* 25
boa, *trasporti via acqua* 97
bocca, *corpo umano* 35
bocce, *gioco* 121
boccino, *gioco* 121
bollilatte, *casa-cucina* 61
boma, *sport-vela, windsurf* 49
bongos, *musica* 111
bora, *meteorologia* 4
borsetta, *abbigliamento* 51
bosco di conifere, *ambienti naturali* 16-17
bosco di latifoglie, *ambienti naturali* 18-19
bottone, *sport-scherma* 47
bottone di scatto dell'otturatore, *fotografia-strumenti* 106
bowling, *gioco* 121
bracciale, *sport-tiro con l'arco* 47
braccio, *cantiere edile* 76
braccio, *corpo umano* 34
braccio, *diffusione, registrazione e trasmissione del suono* 101
braccio flessibile, *sport-tiro con l'arco* 47
bradipo, *ambienti naturali-foresta tropicale* 24
bretella, *sport-parapendio* 48
bretelle, *abbigliamento* 50
bricco, *bar* 81
bricco, *casa-cucina* 61
broccolo, *coltivazioni-ortaggi* 69
bronco, *corpo umano* 36
buca, *sport-golf* 44
buca del suggeritore, *teatro* 116
bue muschiato, *ambienti naturali-ghiacci e tundra artica* 13
bulbi, *giardinaggio* 74
bulldozer, *cantiere edile* 76
bullone, *arnesi da lavoro* 79
burattinaio, *teatro* 116
burattino, *teatro* 116
buretta, *laboratorio chimico* 86
busta, *ufficio postale* 83
busto, *scultura* 114
cabina del macchinista, *trasporti via terra-su rotaia* 95
cabina di proiezione, *cinema* 117
cabina di segnalazione, *trasporti via terra-su rotaia* 95
cabina telefonica, *città* 58
cabina telefonica, *telecomunicazioni-telefono* 103
cabine, *trasporti via acqua* 98
cacatua, *ambienti naturali-foresta tropicale* 25
cacciavite, *arnesi da lavoro* 79
cachi, *coltivazioni-frutta* 71
caffettiera, *casa-cucina* 60
caimano nero, *ambienti naturali-foresta tropicale* 25
cala, *paesaggi geografici-mare* 11
calabrone, *ambienti naturali-prato* 23
calamaro, *ambienti naturali-mare* 33
calce, *cantiere edile* 77

calcetto, *gioco* 121
calciatore, *sport-calcio* 42
calcio, *sport* 42
calcolatrice, *ufficio* 82
calibro, *arnesi da lavoro* 78
calzamaglia, *abbigliamento* 51
calze, *abbigliamento* 50, 52
calzettoni, *abbigliamento* 50
calzoni alla zuava, *abbigliamento* 53
calzoni corti, *abbigliamento* 50
cambio, *trasporti via terra-bicicletta* 90
camera da letto, *casa* 62
cameriere, *bar* 81
camice, *ambulatorio medico* 87
camicetta, *abbigliamento* 51
camicia, *abbigliamento* 51, 52
camicia da notte, *abbigliamento* 50
caminetto, *casa-salotto* 59
camino, *casa* 58
camion, *trasporti via terra* 92
cammello, *ambienti naturali-deserto* 27
camoscio, *ambienti naturali-zone alpine di alta quota* 14
campanello, *casa* 58
campanile, *elementi di architettura* 56
campanula, *ambienti naturali-prato* 22
camper, *trasporti via terra* 93
campi coltivati, *fattoria* 65
campo da tennis, *sport-tennis* 44
campo lunghissimo (CLL), *fotografia-linguaggio fotografico*....107
campo lungo (CL), *fotografia-linguaggio fotografico* 107
campo medio (CM), *fotografia-linguaggio fotografico* 107
canale d'irrigazione, *fattoria* 65
canalone, *paesaggi geografici-montagna* 12
cancellata, *casa* 58
cancellino, *scuola* 84
cancello, *casa* 58
candela, *trasporti via terra-automobile* 91
candelabro, *casa-salotto* 59
canestro, *sport-pallacanestro* 42
canna, *trasporti via terra-bicicletta* 90
canne, *ambienti naturali-fiume* 28
canneto, *ambienti naturali-stagno* 31
cannocchiale, *astronomia* 2
cannuccia, *bar* 81
canoa, *trasporti via acqua* 97
canottiera, *abbigliamento* 50
CANTIERE EDILE 76-77
cantiere navale, *trasporti via acqua* 98
cantina, *casa* 58
cap, *sport-equitazione* 43
capanno per attrezzi, *giardinaggio* 74
capezzina, *sport-equitazione* 43
capezzolo, *corpo umano* 34
capitello, *elementi di architettura* 56
capo, *corpo umano* 34
capo, *paesaggi geografici-mare* 11
capomastro, *cantiere edile* 76
capostazione, *trasporti via terra-su rotaia* 95
cappa, *casa-salotto* 59
cappello, *abbigliamento* 51, 52
cappero, *coltivazioni-erbe aromatiche* 72
cappotto, *abbigliamento* 51, 52
capra, *fattoria* 65
capriolo, *ambienti naturali-bosco di conifere* 16
capsula, *ambulatorio medico* 87
capsula spaziale, *ricerca spaziale* 89
caraffa, *casa-cucina* 61
carciofo, *coltivazioni-ortaggi* 69
cardellino, *ambienti naturali-prato* 22
cardi, *coltivazioni-ortaggi* 68

cardigan, *abbigliamento* 51, 53
cardine, *casa* 62
carena, *trasporti via acqua* 98
caribù, *ambienti naturali-ghiacci e tundra artica* 13
carne, *supermercato* 80
carota, *coltivazioni-ortaggi* 69
carpa a specchi, *ambienti naturali-fiume* 29
carpo, *corpo umano* 35
carrello, *cantiere edile* 76
carrello, *supermercato* 80
carrello, *telecomunicazioni-radio, televisione* 104
carrello sollevatore, *trasporti via acqua* 98
carriola, *cantiere edile* 77
carriola, *giardinaggio* 75
carro attrezzi, *trasporti via terra* 93
carro cisterna, *trasporti via terra-su rotaia* 95
carro merci, *trasporti via terra-su rotaia* 95
carrozza passeggeri, *trasporti via terra-su rotaia* 95
carrozzeria, *trasporti via terra-automobile* 90
carrozzoni, *circo* 117
carta geografica, *scuola* 84
carta vetrata, *arnesi da lavoro* 79
cartamodello, *cucito* 54
carte da gioco, *giochi di società* 122
cartella, *scuola* 84
cartelle, *giochi di società* 122
cartellino del prezzo, *supermercato* 80
cartello stradale, *città* 57
cartellone, *giochi di società* 122
cartellone murale, *scuola* 84
cartellone pubblicitario, *città* 57
cartina tornasole, *laboratorio chimico* 86
cartolina, *ufficio postale* 83
CASA 58-64
casa colonica, *abitazioni* 55
casa colonica, *fattoria* 65
cascata, *paesaggi geografici-fiume* 12
casco, *sport-alpinismo, equitazione* 40, 43
casco, *sport-paracadutismo, parapendio* 48
casella, *giochi di società* 122
cassa, *supermercato, bar* 80, 81
cassa acustica,
  diffusione, registrazione e trasmissione del suono 101
cassapanca, *casa-sala da pranzo* 59
casseruola, *casa-cucina* 61
cassetta d'imbucaggio, *sport-atletica* 41
cassetta delle lettere, *casa, città* 58
cassetta postale, *ufficio postale* 83
cassettiera, *casa-camera da letto* 62
cassettiera, *ufficio* 82
cassetto, *trasporti via terra-automobile* 91
cassettone, *casa-camera da letto* 62
cassiera, *bar* 81
cassiere, *supermercato* 80
castagna, *coltivazioni-frutta* 71
castagno, *ambienti naturali-bosco di latifoglie* 19
castello, *gioco* 120
catena, *paesaggi geografici-montagna* 12
catena, *trasporti via terra-bicicletta* 90
catenaccio, *casa* 62
catino, *casa-pulizia* 64
cattedra, *scuola* 84
cava, *miniera* 6
cavallerizzo, *circo* 119
cavalletta, *ambienti naturali-prato* 22
cavalletto, *pittura-strumenti* 113
cavallina, *palestra* 38
cavallo, *giochi di società* 122
cavallo, *palestra* 38
cavallo, *sport-equitazione* 43

cavallo a dondolo, *gioco* 121
cavalluccio marino, *ambienti naturali-mare* 33
cavatappi, *bar* 81
cavatappi, *casa-cucina* 60
cavedano, *ambienti naturali-fiume* 29
caviglia, *corpo umano* 34
cavo, *sport-tiro con l'arco* 47
cavo, *trasporti via acqua* 98
cavo, *trasporti via terra-su filo e su rotaia* 94
cavolfiore, *coltivazioni-ortaggi* 68
cavolo cappuccio, *coltivazioni-ortaggi* 68
cazzuola, *cantiere edile* 77
CD, *diffusione, registrazione e trasmissione del suono* 101
CD-ROM, *informatica* 108
ceci, *coltivazioni-ortaggi* 69
cedro, *coltivazioni-frutta* 70
cefalo, *ambienti naturali-mare* 32
cella, *apicoltura* 73
cellule olfattive, *corpo umano* 37
cellule sensoriali, *corpo umano* 37
cemento, *cantiere edile* 77
centimetro, *cucito* 54
centrale eolica, *energia* 8
centrale geotermica, *energia* 9
centrale idroelettrica, *energia* 8
centrale solare, *energia* 8
centrale termoelettrica, *energia* 9
centrale termonucleare, *energia* 9
cera, *apicoltura* 73
cerambice, *ambienti naturali-macchia mediterranea* 20
cerchi, *palestra* 39
cerchio, *circo* 118
cerchio di centro campo, *sport-calcio* 42
cerchione, *trasporti via terra-automobile* 90
cerniera lampo, *cucito* 54
cerotto, *ambulatorio medico* 87
cervello, *corpo umano* 36
cervo, *ambienti naturali-bosco di conifere* 16
cervo volante, *ambienti naturali-bosco di latifoglie* 18
cervo volante, *ambienti naturali-prato* 22
cespuglio, *giardinaggio* 74
cestino, *casa-cucina* 60
cestino, *supermercato* 80
cestino dei rifiuti, *città* 57
cetriolo, *coltivazioni-ortaggi* 69
chalet, *abitazioni* 55
chiatta, *trasporti via acqua* 97
chiavistello, *casa* 62
chiglia, *trasporti via acqua* 98
chioccia, *fattoria* 66
chiocciola, *ambienti naturali-prato* 22
chiodi, *arnesi da lavoro* 79
chiodi, *cantiere edile* 77
chiodo da roccia, *sport-alpinismo* 40
chiosco, *città* 58
chiostro, *elementi di architettura* 56
chitarra, *musica* 109
chitarra elettrica, *musica* 111
cicala, *ambienti naturali-macchia mediterranea* 20
ciclamino, *ambienti naturali-bosco di latifoglie* 18
ciglia, *corpo umano* 35
ciliegia, *coltivazioni-frutta* 70
cilindro graduato, *laboratorio chimico* 86
cima, *paesaggi geografici-montagna* 12
ciminiera, *energia* 9
cinabro, *rocce* 5
cinciallegra, *ambienti naturali-bosco di latifoglie* 18
CINEMA 117
cinghia, *trasporti via terra-automobile* 91
cinghia per i piedi, *sport-windsurf* 49

cinghiale, *ambienti naturali-macchia mediterranea* 20
cinta, *casa* 58
cintura, *abbigliamento* 51, 52
cinture di sicurezza, *trasporti via terra-automobile* 90
cipolla, *coltivazioni-ortaggi* 69
cipresso, *ambienti naturali-macchia mediterranea* 20
CIRCO 117-119
cirro, *meteorologia* 3
cirrocumulo, *meteorologia* 3
cistifellea, *corpo umano* 36
citofono, *casa* 58
citofono, *telecomunicazioni-telefono* 103
CITTÀ 57-58
civetta, *ambienti naturali-bosco di latifoglie* 19
civetta delle nevi, *ambienti naturali-ghiacci e tundra artica* 13
clacson, *trasporti via terra-automobile* 91
clarinetto, *musica* 110
clavicola, *corpo umano* 35
cliente, *supermercato* 80
cocca, *sport-tiro con l'arco* 47
coccinella, *ambienti naturali-prato* 23
coccodrillo, *ambienti naturali-foresta tropicale* 25
cocomero, *coltivazioni-frutta* 71
cofano, *trasporti via terra-automobile* 90
colapasta, *casa-cucina* 61
colibrì, *ambienti naturali-foresta tropicale* 24
colino, *casa-cucina* 61
collage, *pittura-tecniche* 112
collant, *abbigliamento* 51
colletto, *abbigliamento* 52
collina, *paesaggi geografici-montagna* 12
collo, *corpo umano* 34
colombaccio, *ambienti naturali-bosco di latifoglie* 23
colonna, *elementi di architettura* 56
colonna, *stampa-giornale* 99
colonna vertebrale, *corpo umano* 35
colori a olio, *pittura-strumenti* 113
colori a tempera, *pittura-strumenti* 113
coltellino da innesto, *giardinaggio* 75
coltello, *casa-cucina* 60
COLTIVAZIONI 68-72
comandante, *trasporti via aria* 96
comandi, *telecomunicazioni-radio, televisione* 104
combustibile, *energia* 9
cometa, *astronomia* 2
commessa, *supermercato* 80
comodino, *casa-camera da letto* 62
compact disc,
   diffusione, registrazione e trasmissione del suono 101
complesso rock, *musica* 111
compressa, *ambulatorio medico* 87
computer, *informatica* 108
computer portatile, *informatica* 108
computer portatile, *ufficio* 82
COMUNICAZIONI 99-108
conca nasale, *corpo umano* 37
conchiglie, *ambienti naturali-mare* 32
concimaia, *fattoria* 66
condominio, *città* 57
condotta, *energia* 8
condotto uditivo, *corpo umano* 37
congelatore, *supermercato* 80
coniglio selvatico, *ambienti naturali-macchia mediterranea* 20
cono d'ombra, *astronomia* 1
consolle, *telecomunicazioni-radio, televisione* 104
contachilometri, *trasporti via terra-automobile* 91
contagiri, *trasporti via terra-automobile* 91
contorsionista, *circo* 119
contrabbasso, *musica* 109
contrappeso, *cantiere edile* 76

controfagotto, *musica* 110
controllore, *trasporti via terra-su rotaia* 95
convertitore, *energia* 8
coperchio, *apicoltura* 73
coperchio, *casa-cucina* 60
coperta, *casa-camera da letto* 62
coperta, *trasporti via acqua* 98
copertina, *stampa* 100
copertone, *trasporti via terra-bicicletta* 90
corallo, *ambienti naturali-mare* 32
corbezzolo, *ambienti naturali-macchia mediterranea* 21
corda, *gioco* 120
corda, *palestra* 39
corda, *sport-alpinismo* 40
corda, *sport-tiro con l'arco* 47
corde, *musica* 109
cordone, *telecomunicazioni-telefono* 102
cormorano, *ambienti naturali-mare* 33
cornamusa, *musica* 110
cornea, *corpo umano* 37
corner, *sport-calcio* 42
cornetta, *telecomunicazioni-telefono* 102, 103
cornice, *casa-sala da pranzo* 59
corno, *musica* 110
corona, *trasporti via terra-bicicletta* 90
corpo della macchina, *fotografia-strumenti* 106
CORPO UMANO 34-37
corpuscoli sensitivi, *corpo umano* 37
corridoio, *casa* 62
corridoio, *cinema* 117
corridoio, *sport-tennis* 44
corrimano, *casa* 62
corsia, *sport-atletica* 41
corsia, *sport-nuoto* 45
corsia, *supermercato* 80
coscia, *corpo umano* 34
costa, *paesaggi geografici-mare* 11
costellazione, *astronomia* 1
costola, *corpo umano* 35
COSTRUZIONI 55-64
costruzioni, *gioco* 121
cotone idrofilo, *ambulatorio medico* 87
cozza, *ambienti naturali-mare* 32
cranio, *corpo umano* 35
crateri, *astronomia* 1
cravatta, *abbigliamento* 52
cravatta a farfalla, *abbigliamento* 52
crawl, *sport-nuoto* 45
credenza, *casa-sala da pranzo* 59
crepaccio, *paesaggi geografici-montagna* 12
cresta, *paesaggi geografici-montagna* 12
cripta, *elementi di architettura* 56
cristallino, *corpo umano* 37
croce, *teatro* 116
crogiolo, *laboratorio chimico* 86
cruna, *cucito* 54
cruscotto, *trasporti via terra-automobile* 91
cubetti, *gioco* 121
cucchiaio, *casa-cucina* 60
cucina, *casa* 60
cucito, *abbigliamento* 53-54
cucitura, *cucito* 54
cuculo, *ambienti naturali-macchia mediterranea* 21
cuffia, *diffusione, registrazione e trasmissione del suono* ..101
cumino, *coltivazioni-erbe aromatiche* 72
cumulo, *meteorologia* 3
cumulonembo, *meteorologia* 3
cuore, *corpo umano* 36
cupola, *elementi di architettura* 56
cuscino, *casa-camera da letto* 62

cyclette, *palestra* 39
dacia, *abitazioni* 55
dadi, *giochi di società* 122
dado, *arnesi da lavoro* 79
daino, *ambienti naturali-bosco di latifoglie* 19
dama, *giochi di società* 122
darsena, *trasporti via acqua* 98
dattero, *coltivazioni-frutta* 71
davanzale, *casa* 58
decespugliatore, *giardinaggio* 74
deflettore, *trasporti via terra-automobile* 90
delfini, *ambienti naturali-mare* 33
delfino, *sport-nuoto* 45
deltaplano, *sport* 48
deltaplano, *trasporti via aria* 96
denti, *corpo umano* 35
dentifricio, *casa-bagno* 63
deposito, *trasporti via acqua* 98
deposito bagagli, *trasporti via terra-su rotaia* 95
deragliatore anteriore, *trasporti via terra-bicicletta* ... 90
deriva, *sport-vela* 49
derma, *corpo umano* 37
deserto, *ambienti naturali* 27
detersivo, *casa-pulizia* 64
dettaglio (DT), *fotografia-linguaggio fotografico* 107
diaframma a iride, *fotografia-strumenti* 106
diamante, *pietre preziose* 5
diapositiva, *fotografia-strumenti* 106
diario, *scuola* 85
didascalia, *stampa-giornale* 99
DIFFUSIONE DEL SUONO 101
diffusore dell'aria, *trasporti via terra-automobile* ... 91
diga, *energia* 8
diga foranea, *trasporti via acqua* 98
digitale, *ambienti naturali-bosco di latifoglie* 19
dipinto, *pittura-tecniche* 112
direttore d'orchestra, *musica* 111
dirigibile, *trasporti via aria* 96
dischetto, *informatica* 108
dischetto del calcio di rigore, *sport-calcio* 42
disco, *diffusione, registrazione e trasmissione del suono* ...101
disco fisso, *informatica* 108
disegno, *pittura-tecniche* 112
dispensa, *casa-cucina* 60
distribuzione, *trasporti via terra-automobile* 91
ditale, *cucito* 54
divano, *casa-salotto* 59
dizionario, *scuola* 85
doccia, *casa-bagno* 63
dolciumi, *supermercato* 80
domatore, *circo* 118
domino, *giochi di società* 122
donnola, *ambienti naturali-bosco di latifoglie* 18
donnola, *ambienti naturali-zone alpine d'alta quota* ...15
dorso, *sport-nuoto* 45
dorso, *stampa* 100
dragoncello, *coltivazioni-erbe aromatiche* 72
drive, *informatica* 108
dromedario, *ambienti naturali-deserto* 27
dune di sabbia, *ambienti naturali-deserto* 27
eclissi, *astronomia* 1
edicola, *città* 58
editore, *stampa* 100
elefante, *ambienti naturali-savana* 26
ELEMENTI DI ARCHITETTURA 56
elenco telefonico, *casa* 62
elevatore, *cantiere edile* 76
elica, *trasporti via acqua* 98
elicottero, *trasporti via aria* 96
ellisse, *astronomia* 1

elmetto, *miniera* 7
elmetto, *pompieri* 88
emissario, *paesaggi geografici-fiume* 12
enciclopedia, *stampa* 100
ENERGIA 8-9
entrata, *circo* 117
equilibrista, *circo* 119
equipaggio, *trasporti via aria* 96
equiseto, *ambienti naturali-fiume* 28
equitazione, *sport* 43
erbe aromatiche, *coltivazioni* 72
erica, *ambienti naturali-bosco di conifere* 16
erica, *ambienti naturali-macchia mediterranea* .. 21
ermellino, *ambienti naturali-ghiacci e tundra artica* ...13
ermellino, *ambienti naturali-zone alpine d'alta quota* ...15
erogatore di caffè, *bar* 81
erpice, *fattoria* 67
escavatore, *cantiere edile* 76
espositore, *supermercato* 80
essiccatore, *laboratorio chimico* 86
estensore, *palestra* 39
estintore, *pompieri* 88
ESTRAZIONE DEL PETROLIO 10
etichetta, *ufficio postale* 83
eucalipto, *ambienti naturali-macchia mediterranea* ...21
facchino, *trasporti via terra-su rotaia* 95
faccia, *corpo umano* 35
facciata, *elementi di architettura* 56
faggio, *ambienti naturali-bosco di latifoglie* 19
fagiano, *ambienti naturali-prato* 22
fagioli, *coltivazioni-ortaggi* 69
fagiolini, *coltivazioni-ortaggi* 69
fagotto, *musica* 110
faina, *ambienti naturali-macchia mediterranea* .. 20
falangi, *corpo umano* 35
falce, *fattoria* 66
falcetto, *fattoria* 66
falcetto, *giardinaggio* 75
falco di palude, *ambienti naturali-stagno* 31
falco lanario, *ambienti naturali-deserto* 27
falco pellegrino, *ambienti naturali-macchia mediterranea* ...20
falco pellegrino, *ambienti naturali-zone alpine d'alta quota* ...14
falda, *casa* 58
fanale, *trasporti via terra-motocicletta* 90
fanalino posteriore, *trasporti via terra-motocicletta* ...90
fante, *giochi di società* 122
fantino, *sport-equitazione* 43
faraglione, *paesaggi geografici-mare* 11
faraona, *fattoria* 66
faretra, *sport-tiro con l'arco* 47
faretto, *casa* 62
farfalla, *ambienti naturali-foresta tropicale* 24
farfalla, *sport-nuoto* 45
farfalla macaone, *ambienti naturali-prato* 22
fari, *trasporti via terra-automobile* 91
farina, *supermercato* 80
farmaci, *ambulatorio medico* 87
faro, *trasporti via acqua* 98
fasi lunari, *astronomia* 1
FATTORIA 65-67
fave, *coltivazioni-ortaggi* 69
fax, *telecomunicazioni-telefono* 102
fazzoletto, *abbigliamento* 51
federa, *casa-camera da letto* 62
fegato, *corpo umano* 36
felci, *ambienti naturali-bosco di latifoglie* 18
felci, *ambienti naturali-foresta tropicale* 25
felpa, *abbigliamento* 50
femore, *corpo umano* 35
fendinebbia, *trasporti via terra-automobile* 91

fennec, *ambienti naturali-deserto*..27
fermaglio, *ufficio*...82
fermata dell'autobus, *città*..57
ferro, *cantiere edile*..77
ferro, *sport-golf*..44
ferro da calza, *cucito*..54
ferro da stiro, *casa-pulizia*...64
ferrovia, *trasporti via terra-su rotaia*................................95
fettuccia, *cucito*..54
fiala, *ambulatorio medico*...87
fiati, *musica*..111
fibbia, *abbigliamento*...52
fico, *coltivazioni-frutta*..71
fico d'India, *ambienti naturali-macchia mediterranea*........21
fienile, *fattoria*..65
filettatura della vite, *arnesi da lavoro*..............................79
filo, *casa-pulizia*...64
filo, *cucito*..54
filo, *teatro*..116
filo a piombo, *cantiere edile*...77
filobus, *trasporti via terra*..94
filone, *miniera*..6
filtro di ceramica, *laboratorio chimico*.............................86
filtri, *laboratorio chimico*..86
finestra, *casa*...58
finestra bifora, *elementi di architettura*...........................56
finestrino, *trasporti via terra-automobile*.........................90
finocchio, *coltivazioni-ortaggi*..69
fiocco, *sport-vela*...49
fiordaliso, *ambienti naturali-prato*....................................22
fioretto, *sport-scherma*..47
fisarmonica, *musica*...110
fischietto, *trasporti via terra-su rotaia*..............................95
fiume, *ambienti naturali*..28-29
fiume, *paesaggi geografici*..12
flacone, *ambulatorio medico*...87
flash, *fotografia-strumenti*..106
flauto, *musica*..110
flipper, *gioco*...121
floppy disk, *informatica*..108
fluorite, *rocce*...5
foca, *ambienti naturali-ghiacci e tundra artica*.................13
foce, *paesaggi geografici-fiume*......................................12
foglia, *giardinaggio*...74
foglio cereo, *apicoltura*..73
folaga, *ambienti naturali-fiume*..29
fondale, *teatro*..116
fondista, *sport-sci di fondo*..46
fondovalle, *paesaggi geografici-montagna*.....................12
fontanella, *città*..57
forbici, *cucito*...54
forbici, *giardinaggio*...75
forcella, *trasporti via terra-bicicletta, motocicletta*...........90
forchetta, *casa-cucina*..60
forcone, *fattoria*...66
forcone, *giardinaggio*...75
foresta tropicale, *ambienti naturali*.............................24-25
formaggi, *supermercato*..80
formica, *ambienti naturali-bosco di conifere*...................17
formica, *ambienti naturali-prato*......................................23
formichiere, *ambienti naturali-foresta tropicale*..............25
formine, *gioco*...120
fornelli, *casa-cucina*..60
forno, *casa-cucina*..60
forno a microonde, *casa-cucina*......................................60
fossa dell'orchestra, *teatro*..116
fotocopiatrice, *ufficio*..82
FOTOGRAFIA..106-107
foulard, *abbigliamento*...51
frac, *abbigliamento*...52

fragola, *coltivazioni-frutta*...70
fragolina, *ambienti naturali-bosco di latifoglie*...............19
francobollo, *ufficio postale*..83
frattazzo, *cantiere edile*...77
freccia, *sport-tiro con l'arco*...47
freccia, *trasporti via terra-automobile*.............................90
fregio, *elementi di architettura*..56
freno, *trasporti via terra-bicicletta, motocicletta*.............90
frigorifero, *casa-cucina*...60
frigorifero per gelati, *bar*..81
fringuello, *ambienti naturali-bosco di latifoglie*...............18
frontalino, *sport-equitazione*...43
fronte, *corpo umano*..35
frontone, *elementi di architettura*....................................56
frullatore, *bar*...81
frullatore, *casa-cucina*..60
frusta, *circo*..118
frustino, *sport-equitazione*..43
frutta, *coltivazioni*..70-71
frutta, *supermercato*..80
frutteto, *fattoria*..65
fuco, *apicoltura*..73
fumaiolo, *trasporti via acqua*...98
fumetto, *stampa*...100
fune di corsia, *sport-nuoto*..45
funghi, *ambienti naturali-bosco di conifere*....................16
fungo, *ambienti naturali-bosco di latifoglie*....................19
funi, *palestra*..39
funicolare, *trasporti via terra-su filo e su rotaia*..............94
funivia, *trasporti via terra-su filo e su rotaia*...................94
fuoristrada, *trasporti via terra*..92
furgone, *trasporti via terra*..92
fusto, *elementi di architettura*...56
gabbia, *circo*..118
gabbiano comune, *ambienti naturali-mare*.....................32
gabbiano reale, *ambienti naturali-mare*..........................33
galassia, *astronomia*..1
galleria, *miniera*..6
galleria, *teatro*..116
gallina, *fattoria*...65
gallinella d'acqua, *ambienti naturali-stagno*...................30
gallo, *fattoria*..66
gallo cedrone, *ambienti naturali-bosco di conifere*........16
galoppo, *sport-equitazione*...43
gamba, *corpo umano*...34
gambero, *ambienti naturali-mare*....................................33
gancio, *casa*...62
gancio, *cucito*...54
garage, *casa*..58
garza, *ambulatorio medico*..87
garzetta, *ambienti naturali-stagno*..................................31
gatto selvatico, *ambienti naturali-macchia mediterranea*..20
gazza, *ambienti naturali-bosco di latifoglie*....................19
gazzella, *ambienti naturali-deserto*.................................27
gazzella impala, *ambienti naturali-savana*......................26
geco, *ambienti naturali-deserto*......................................27
genziana, *ambienti naturali-zone alpine d'alta quota*.....14
gerbillo, *ambienti naturali-deserto*..................................27
germani reali, *ambienti naturali-fiume*............................29
germano reale, *ambienti naturali-stagno*........................30
germoglio, *giardinaggio*...74
gesso, *scuola*...84
ghepardo, *ambienti naturali-savana*...............................26
ghetta, *sport-alpinismo*..40
ghiacci, *ambienti naturali*..13
ghiacciaio, *paesaggi geografici-montagna*.....................12
ghiera per la messa a fuoco, *fotografia-strumenti*........106
ghiro, *ambienti naturali-bosco di latifoglie*.....................18
giacca, *abbigliamento*...51, 52
giacca a vento, *abbigliamento*..50

giacca a vento, *sport-alpinismo*..40
giaccone, *abbigliamento* 53
giaguaro, *ambienti naturali-foresta tropicale* 24
GIARDINAGGIO..74-75
giardiniere, *giardinaggio*...74
giardino, *giardinaggio* 74
giavellotto, *sport-atletica* 41
gilè, *abbigliamento* 52
ginepro, *ambienti naturali-zone alpine d'alta quota*..............15
ginestra, *ambienti naturali-macchia mediterranea* 21
ginocchio, *corpo umano* 34
giocatore, *sport-calcio*..42
GIOCHI DI SOCIETÀ 122
GIOCO 120-121
giocoliere, *circo* 119
giornale, *stampa*..99
giornalino per ragazzi, *stampa*................................100
giostra, *gioco*...120
Giove, *astronomia*..1
giradischi,
  diffusione, registrazione e trasmissione del suono...........101
giraffa, *ambienti naturali-savana* 26
giraffa, *telecomunicazioni-radio, televisione* 104
girarrosto, *casa-cucina*..60
girino, *ambienti naturali-stagno*................................31
giubbotto, *abbigliamento*...................................50, 53
giubbotto, *sport-scherma*...47
giunco, *ambienti naturali-stagno* 30
gnu, *ambienti naturali-savana* 26
golf, *sport* 44
golfo, *paesaggi geografici-mare*.................................11
gomito, *corpo umano* 34
gomme, *scuola*..85
gong, *musica*..111
gonna, *abbigliamento*..51
gracchio alpino, *ambienti naturali-zone alpine d'alta quota*.....14
gradina, *scultura-arnesi*..115
gradinate, *circo*..118
gradino, *casa*..62
granaio, *fattoria* 66
grancassa, *musica* 111
granchio, *ambienti naturali-mare*.............................32
grandangolo, *fotografia-strumenti* 106
grande magazzino, *città* 57
granito, *rocce*...5
grattacielo, *abitazioni* 55
grattugia, *casa-cucina*...61
green, *sport-golf* 44
grembiule, *abbigliamento* 50
grembiule, *giardinaggio*..74
griglia, *casa-cucina* 60
grill, *casa-cucina*...60
grillo, *ambienti naturali-prato*...................................23
grillotalpa, *ambienti naturali-prato* 22
grondaia, *casa*..58
gru, *cantiere edile*...76
gru, *trasporti via acqua*...98
gruccia, *casa-camera da letto*..................................62
gruccione, *ambienti naturali-macchia mediterranea* 20
guancia, *corpo umano*...35
guanti, *abbigliamento*..52
guanti, *ambulatorio medico* 87
guanti, *apicoltura*..73
guanti, *giardinaggio*..74
guanti, *sport-equitazione*...43
guanto, *sport-baseball*...42
guanto, *sport-golf* 44
guanto, *sport-paracadutismo*...................................48
guanto, *sport-scherma*..47
guanto, *sport-sci, sci di fondo*..................................46

guardalinee, *sport-calcio*...42
guardaroba, *casa-camera da letto* 62
gufo, *ambienti naturali-bosco di latifoglie*................18
guglia, *elementi di architettura* 56
gusto, *corpo umano* 37
hangar, *trasporti via aria* 96
hostess, *trasporti via aria*..96
hotel, *città*...57
hovercraft, *trasporti via acqua*.................................97
ibis rosso, *ambienti naturali-foresta tropicale*..........25
idrante, *pompieri* 88
idrovolante, *trasporti via aria*...................................96
iena, *ambienti naturali-savana*................................26
igrometro, *meteorologia*..3
imboccatura, *sport-equitazione*...............................43
imbracatura, *sport-deltaplano, parapendio* 48
imbracatura da scalata, *sport-alpinismo*.................40
imbuto, *casa-cucina*..61
imbuto, *laboratorio chimico* 86
immissario, *paesaggi geografici-fiume*....................12
impalcatura, *cantiere edile* 76
impalcature di sostegno, *miniera*..............................6
impennaggio, *sport-tiro con l'arco*...........................47
impermeabile, *abbigliamento* 52
impianto di distribuzione dell'energia elettrica, *miniera*..........7
impianto di drenaggio, *miniera*..................................7
impiegata postale, *ufficio postale*............................83
impugnatura, *sport-sci, sci di fondo*........................46
impugnatura, *sport-tiro con l'arco*...........................47
incastri, *gioco*..120
incrocio, *città* 57
incudine, *arnesi da lavoro* 78
incudine, *corpo umano* 37
indicatore di direzione, *trasporti via terra-automobile* 90
indirizzo, *ufficio postale* 83
infermiere, *ambulatorio medico* 87
INFORMATICA...108
ingresso, *casa*..62
insalata, *coltivazioni-ortaggi*....................................69
insegna, *città* 57
insegnante, *scuola* 84
insenatura, *paesaggi geografici-mare*.....................11
interruttore, *casa*..62
interruttore di alimentazione, *informatica* 108
intestino, *corpo umano*...36
iride, *corpo umano*..37
irrigatoio, *fattoria*..67
isola, *paesaggi geografici-mare* 11
istmo, *paesaggi geografici-mare* 11
istrice, *ambienti naturali-macchia mediterranea*.....21
jeans, *abbigliamento* 50
jeep, *trasporti via terra* 92
jet militare, *trasporti via aria* 96
joystick, *informatica*..108
kiwi, *coltivazioni-frutta*..71
koala, *ambienti naturali-foresta tropicale* 24
labbro, *corpo umano* 35
LABORATORIO CHIMICO 86
lacci, *abbigliamento*..52
lago, *paesaggi geografici-fiume*..............................12
laguna, *paesaggi geografici-mare*...........................11
lama, *sport-scherma*...47
lametta, *casa-bagno*...63
lamina, *sport-sci* 46
lampada, *ambulatorio medico* 87
lampada, *casa*..62
lampada, *casa-salotto* 59
lampada, *miniera* 7
lampada, *ufficio*..82
lampada frontale, *ambulatorio medico*...................87

lampada frontale, *sport-alpinismo* 40	lingua, *corpo umano* 35, 37
lampadario, *casa-sala da pranzo* 59	litorale, *paesaggi geografici-mare* 11
lampadina, *casa-sala da pranzo* 59	livella a bolla, *cantiere edile* 77
lampione, *città* 57	locomotiva, *trasporti via terra-su rotaia* 95
lampone, *coltivazioni-frutta* 70	loggione, *teatro* 116
lancia, *pompieri* 88	loglio, *ambienti naturali-prato* 22
lanciatori, *sport-atletica* 41	lombrico, *ambienti naturali-prato* 22
lancio del disco, *sport-atletica* 41	lontra, *ambienti naturali-stagno* 31
lancio del giavellotto, *sport-atletica* 41	luccio, *ambienti naturali-fiume* 29
lancio del martello, *sport-atletica* 41	lucertola, *ambienti naturali-deserto* 27
lancio del peso, *sport-atletica* 41	lucertola, *ambienti naturali-prato* 23
lanterna, *elementi di architettura* 56	lucertola dei ghiacciai,
larice, *ambienti naturali-bosco di conifere* 17	*ambienti naturali-ghiacci e tundra artica* 13
larva, *apicoltura* 73	luci di posizione, *trasporti via terra-automobile* 91
latte, *supermercato* 80	lucidatrice, *casa-pulizia* 64
lattiera, *bar* 81	lumaca, *ambienti naturali-prato* 23
lattiera, *casa-cucina* 61	Luna, *astronomia* 1
lavagna, *scuola* 84	lunotto, *trasporti via terra-automobile* 90
lavanda, *ambienti naturali-macchia mediterranea* 21	lupo, *ambienti naturali-bosco di conifere* 17
lavandino, *casa-bagno* 63	macchia mediterranea, *ambienti naturali* 20-21
lavandino, *casa-cucina* 60	macchina fotografica, *fotografia-strumenti* 106
lavastoviglie, *casa-cucina* 60	macchina per caffè espresso, *bar* 81
lavatrice, *casa-pulizia* 64	macchina per cucire, *cucito* 53
LAVORO 65-89	macchina per scrivere, *ufficio* 82
leccio, *ambienti naturali-macchia mediterranea* 20	macchinista, *trasporti via terra-su rotaia* 95
leggio, *musica* 109, 111	macinacaffè, *casa-cucina* 60
legnaia, *casa* 58	macinadosatore, *bar* 81
legni, *musica* 111	maestrale, *meteorologia* 4
legno, *sport-golf* 44	magazzino, *trasporti via acqua* 98
lemming, *ambienti naturali-ghiacci e tundra artica* 13	maggiolino, *ambienti naturali-prato* 23
lente, *laboratorio chimico* 86	maggiorana, *coltivazioni-erbe aromatiche* 72
lenticchie, *coltivazioni-ortaggi* 69	maglia, *abbigliamento* 50, 51
lentisco, *ambienti naturali-macchia mediterranea* 21	maglietta, *abbigliamento* 50, 53
lenzuolo, *casa-camera da letto* 62	maglietta, *sport-atletica* 41
leone, *ambienti naturali-savana* 26	maglione, *abbigliamento* 52
leopardo, *ambienti naturali-savana* 26	maiale, *fattoria* 66
lepre, *ambienti naturali-prato* 23	malta, *cantiere edile* 77
lepre bianca, *ambienti naturali-zone alpine d'alta quota* 15	manchette, *stampa-giornale* 99
lepre polare, *ambienti naturali-ghiacci e tundra artica* 13	mandarino, *coltivazioni-frutta* 70
letame, *fattoria* 66	mandibola, *corpo umano* 35
lettino, *ambulatorio medico* 87	mandolino, *musica* 109
letto, *casa-camera da letto* 62	manettini del cambio, *trasporti via terra-bicicletta* 90
lettore CD,	mangusta, *ambienti naturali-savana* 26
diffusione, registrazione e trasmissione del suono 101	manica, *abbigliamento* 52
lettore CD-ROM, *informatica* 108	manica a vento, *meteorologia* 3
leva del cambio,	manichetta, *pompieri* 88
trasporti via terra-motocicletta, automobile 90, 91	manico, *sport-scherma* 47
leva del freno a mano, *trasporti via terra-automobile* 91	manico del martello, *arnesi da lavoro* 79
leva di riavvolgimento della pellicola, *fotografia-strumenti* ...106	maniglia, *casa* 62
leva per l'avanzamento della pellicola, *fotografia-strumenti* ...106	maniglia, *trasporti via terra-automobile* 90
levante, *meteorologia* 4	mano, *corpo umano* 34
leve, *trasporti via terra-bicicletta, automobile* 90, 91	manopola, *casa-cucina* 60
levigatrice, *arnesi da lavoro* 78	manovale, *cantiere edile* 76
liane, *ambienti naturali-foresta tropicale* 24	mansarda, *casa* 58
libeccio, *meteorologia* 4	mantice, *arnesi da lavoro* 78
libellula, *ambienti naturali-stagno* 30	mantide religiosa, *ambienti naturali-prato* 23
libreria, *casa-salotto* 59	manuale, *stampa* 100
libreria, *scuola* 84	manubri, *palestra* 38
libro, *stampa* 100	manubrio, *trasporti via terra-bicicletta, motocicletta* 90
libro di testo, *scuola* 85	mappamondo, *scuola* 84
licheni, *ambienti naturali-ghiacci e tundra artica* 13	maracas, *musica* 111
licheni rossi, *ambienti naturali-zone alpine d'alta quota* 14	marciapiede, *città* 57
lido, *paesaggi geografici-mare* 11	marciapiede, *trasporti via terra-su rotaia* 95
lima, *scultura-arnesi* 115	mare, *ambienti naturali* 32-33
limone, *coltivazioni-frutta* 70	mare, *paesaggi geografici* 11
linea, *energia* 8	margherita, *ambienti naturali-prato* 22
linea di battuta, *sport-tennis* 44	marionetta, *teatro* 116
linea di fondo campo, *sport-tennis* 44	marmitta, *trasporti via terra-automobile* 91
linea di metà campo, *sport-calcio* 42	marmo, *rocce* 5
linea di partenza, *sport-atletica* 41	marmotta, *ambienti naturali-zone alpine d'alta quota* 15

marra, *cantiere edile* 77
Marte, *astronomia* 1
martelletto, *ambulatorio medico* 87
martello, *arnesi da lavoro* 78, 79
martello, *cantiere edile* 77
martello, *corpo umano* 37
martello, *scultura-arnesi* 115
martello, *sport-atletica* 41
martello da carpentiere, *cantiere edile* 77
martello perforatore, *miniera* 7
martello pneumatico, *cantiere edile* 76
martin pescatore, *ambienti naturali-fiume* 28
mascella, *corpo umano* 35
maschera, *apicoltura* 73
maschera, *cinema* 117
maschera, *sport-baseball* 42
maschera, *sport-scherma* 47
maschera antigas, *pompieri* 88
maschera antipolvere, *miniera* 7
mascherina, *ambulatorio medico* 87
massicciata, *trasporti via terra-su rotaia* 95
massiccio, *paesaggi geografici-montagna* 12
materassi, *palestra* 39
materasso, *casa-camera da letto* 62
matite, *pittura-strumenti* 113
matite, *scuola* 85
matraccio, *laboratorio chimico* 86
matterello, *casa-cucina* 61
mattone, *cantiere edile* 77
mazza, *arnesi da lavoro* 78
mazza, *cantiere edile* 77
mazza, *scultura-arnesi* 115
mazza, *sport-baseball* 42
mazze da golf, *sport-golf* 44
mazzuolo, *arnesi da lavoro* 79
mazzuolo, *scultura-arnesi* 115
meandro, *paesaggi geografici-fiume* 12
medico, *ambulatorio medico* 87
medusa, *ambienti naturali-mare* 32
mela, *coltivazioni-frutta* 70
melagrana, *coltivazioni-frutta* 71
melanzana, *coltivazioni-ortaggi* 69
melario, *apicoltura* 73
melone, *coltivazioni-frutta* 71
membrana del timpano, *corpo umano* 37
mensola, *casa-cucina* 60
mensola del caminetto, *casa-salotto* 59
menta, *coltivazioni-erbe aromatiche* 72
mento, *corpo umano* 35
Mercurio, *astronomia* 1
merlo, *ambienti naturali-prato* 23
merlo acquaiolo, *ambienti naturali-fiume* 28
merluzzo, *ambienti naturali-mare* 32
mestolo, *casa-cucina* 61
metacarpo, *corpo umano* 35
metatarso, *corpo umano* 35
METEOROLOGIA 3-4
metro a stecche, *arnesi da lavoro* 79
metropolitana, *città* 57
metropolitana, *trasporti via terra-su filo e su rotaia* 94
mezzaluna, *casa-cucina* 61
microfoni, *telecomunicazioni-radio, televisione* 104
microfono,
   diffusione, registrazione e trasmissione del suono 101
microfono, *musica* 111
microscopio, *laboratorio chimico* 86
miele, *apicoltura* 73
mietitrebbiatrice, *fattoria* 67
milza, *corpo umano* 36
minatore, *miniera* 7

MINIERA 6-7
mirino, *fotografia-strumenti* 106
mirino, *sport-tiro con l'arco* 47
mirtillo, *ambienti naturali-bosco di conifere* 17
mirtillo, *coltivazioni-frutta* 70
mirto, *ambienti naturali-macchia mediterranea* 21
modellino di auto, *gioco* 121
modulo di conto corrente, *ufficio postale* 83
modulo lunare, *ricerca spaziale* 89
molletta, *bar* 81
molo, *trasporti via acqua* 98
mongolfiera, *trasporti via aria* 96
monitor, *informatica* 108
monitor, *telecomunicazioni-radio, televisione* 104
monociclo, *circo* 118
monopattino, *gioco* 120
montagna, *paesaggi geografici* 12
montante, *trasporti via terra-automobile* 90
montgomery, *abbigliamento* 53
mora, *coltivazioni-frutta* 70
morena, *paesaggi geografici-montagna* 12
morsa, *arnesi da lavoro* 78
morsetto, *arnesi da lavoro* 78
morso, *sport-equitazione* 43
mortaio, *laboratorio chimico* 86
mosaico, *pittura-tecniche* 112
mosca, *ambienti naturali-stagno* 30
moschettone, *sport-alpinismo* 40
motocarro, *trasporti via terra* 92
motocicletta, *trasporti via terra* 90
motocoltivatore, *fattoria* 67
motofalciatrice, *fattoria* 67
motore, *trasporti via terra-automobile* 91
motori, *trasporti via acqua* 98
motoscafo, *trasporti via acqua* 97
motrice, *trasporti via terra* 92
mouse, *informatica* 108
mozzi, *trasporti via terra-bicicletta* 90
mucca, *fattoria* 65
mucosa olfattiva, *corpo umano* 37
muletto, *cantiere edile* 76
mulino a vento, *energia* 8
muratore, *cantiere edile* 76
murena, *ambienti naturali-mare* 32
muschi, *ambienti naturali-ghiacci e tundra artica* 13
muschi, *ambienti naturali-zone alpine d'alta quota* 14
MUSICA 109-111
musicassetta,
   diffusione, registrazione e trasmissione del suono 101
mutande, *abbigliamento* 50
nacchere, *musica* 111
narice, *corpo umano* 35
narvalo, *ambienti naturali-ghiacci e tundra artica* 13
naso, *corpo umano* 35
nastro, *cucito* 54
navata, *elementi di architettura* 56
nave, *trasporti via acqua* 97, 98
navetta spaziale, *ricerca spaziale* 89
nebulosa, *astronomia* 2
negozio, *città* 57
nervo acustico, *corpo umano* 37
nervo ottico, *corpo umano* 37
nespola, *coltivazioni-frutta* 70
Nettuno, *astronomia* 1
netturbino, *città* 57
nevaio, *paesaggi geografici-montagna* 12
nibbio bruno, *ambienti naturali-stagno* 30
nicchia, *elementi di architettura* 56
nitticora, *ambienti naturali-fiume* 28
nocciola, *coltivazioni-frutta* 71

nocciolaia, *ambienti naturali-bosco di conifere* 17
nocciolo, *ambienti naturali-bosco di latifoglie* 19
noce, *coltivazioni-frutta* 71
noce di cocco, *coltivazioni-frutta* 71
nodo, *abbigliamento* 52
novilunio, *astronomia* 1
nubi, *meteorologia* 3
nuoto, *sport* 45
oasi, *ambienti naturali-deserto* 27
obiettivo, *fotografia-strumenti* 106
oblò, *trasporti via acqua* 98
oboe, *musica* 110
oca, *fattoria* 66
ocarina, *musica* 110
occhiali, *sport-sci* 46
occhiello, *cucito* 54
occhiello, *stampa-giornale* 99
occhio, *corpo umano* 35
ogiva, *ricerca spaziale* 89
oleandro, *ambienti naturali-macchia mediterranea* 21
oleodotto, *estrazione del petrolio* 10
olfatto, *corpo umano* 37
olivo, *ambienti naturali-macchia mediterranea* 21
ombelico, *corpo umano* 34
ombrello, *abbigliamento* 51
omero, *corpo umano* 35
operatore, *cinema* 117
orario, *scuola* 84
orbettino, *ambienti naturali-macchia mediterranea* 21
orbita, *astronomia* 1
orchestra, *musica* 111
orchidea, *ambienti naturali-foresta tropicale* 25
orecchio, *corpo umano* 35, 37
organi di senso, *corpo umano* 37
organi interni, *corpo umano* 36
organo, *musica* 110
organo elettronico, *musica* 111
orice bianco, *ambienti naturali-deserto* 27
origano, *coltivazioni-erbe aromatiche* 72
orlo, *cucito* 54
orologio, *città* 57
orologio a pendolo, *casa-salotto* 59
Orsa Minore, *astronomia* 1
orso, *ambienti naturali-bosco di conifere* 16
orso, *ambienti naturali-bosco di latifoglie* 18
orso bianco, *ambienti naturali-ghiacci e tundra artica* 13
ortaggi, *coltivazioni* 68-69
ortica, *ambienti naturali-prato* 23
orto, *fattoria* 65
osservatorio astronomico, *astronomia* 2
osso frontale, *corpo umano* 35
osso sacro, *corpo umano* 35
ostacolo, *sport-atletica* 41
ostacolo, *sport-equitazione* 43
otoscopio, *ambulatorio medico* 87
ottavino, *musica* 110
ottoni, *musica* 111
otturatore, *fotografia-strumenti* 106
ovatta, *ambulatorio medico* 87
ovovia, *trasporti via terra-su filo e su rotaia* 94
paca, *ambienti naturali-foresta tropicale* 25
pacco postale, *ufficio postale* 83
padella, *casa-cucina* 61
padiglione auricolare, *corpo umano* 37
PAESAGGI GEOGRAFICI 11-12
pagine, *scuola* 85
pagliaccio, *circo* 119
pagliaio, *fattoria* 65
paguro, *ambienti naturali-mare* 33
paiolo, *casa-cucina* 61
palazzina, *abitazioni* 55
palazzo, *abitazioni* 55
palazzo per uffici, *città* 57
palcoscenico, *teatro* 116
PALESTRA 38-39
paletta, *casa-pulizia* 64
paletta, *gioco* 120
paletto, *sport-tennis* 44
palla, *gioco* 120
palla, *sport-baseball, golf, tennis* 42, 44
pallacanestro, *sport* 42
pallino, *gioco* 121
pallone, *laboratorio chimico* 86
pallone, *sport-calcio, pallacanestro* 42
palma da dattero, *ambienti naturali-deserto* 27
palma nana, *ambienti naturali-macchia mediterranea* 20
palo, *sport-calcio* 42
palpebra, *corpo umano* 35
panchina, *città* 57
panchina, *sport-calcio* 42
pancreas, *corpo umano* 36
pane, *supermercato* 80
pannelli a celle fotovoltaiche, *energia* 8
pannello orario, *trasporti via terra-su rotaia* 95
pannello solare, *energia* 8
pantaloni, *abbigliamento* 51, 52
pantofole, *abbigliamento* 50
pantografo, *trasporti via terra-su rotaia* 95
papavero, *ambienti naturali-prato* 23
papille, *corpo umano* 37
parabolica, *telecomunicazioni-radio, televisione* 104
parabrezza, *trasporti via terra-automobile* 90
paracadute, *sport-paracadutismo* 48
paracadutismo, *sport* 48
paracadutista, *sport-paracadutismo* 48
parallele, *palestra* 38
paralume, *casa-salotto* 59
parapendio, *sport* 48
paraurti, *trasporti via terra-automobile* 90
parcheggio, *trasporti via acqua-porto* 98
parchimetro, *città* 57
parco pubblico, *città* 57
parete, *casa-sala da pranzo* 59
particolare (PART), *fotografia-linguaggio fotografico* 107
passamontagna, *sport-alpinismo* 40
passaverdura, *casa-cucina* 61
passero, *ambienti naturali-prato* 23
pasta, *supermercato* 80
pastelli, *scuola* 85
pastelli, *pittura-strumenti* 113
pastiglia, *ambulatorio medico* 87
patata, *coltivazioni-ortaggi* 69
patelle, *ambienti naturali-mare* 32
pattino a rotelle, *gioco* 120
pattumiera, *casa-cucina* 60
pecora, *fattoria* 65
pedale, *trasporti via terra-automobile* 91
pedali, *musica* 109
pedali, *trasporti via terra-bicicletta* 90
pedana, *sport-atletica* 39, 41
pedina, *giochi di società* 122
pedone, *giochi di società* 122
pelliccia, *abbigliamento* 51
pellicola, *cinema* 117
pellicola, *fotografia-strumenti* 106
pene, *corpo umano* 34
penisola, *paesaggi geografici-mare* 11
pennarelli, *pittura-strumenti* 113
pennarelli, *scuola* 85
penne, *scuola* 85

pennelli, *pittura-strumenti*..113
penombra, *astronomia* 1
pensile, *casa-cucina*..60
pensilina, *trasporti via terra-su rotaia* 95
pentola, *casa-cucina* 61
pentolino, *casa-cucina* 61
peperone, *coltivazioni-ortaggi* 69
pera, *coltivazioni-frutta*..70
percussioni, *musica*..111
perforatrice, *ufficio*..82
pernice bianca, *ambienti naturali-ghiacci e tundra artica*.....13
pernice bianca, *ambienti naturali-zone alpine d'alta quota*....14
perone, *corpo umano* 35
persiana, *casa*..58
pertica, *circo*..119
pertica, *palestra*..39
pesca, *coltivazioni-frutta*..70
pesce gatto, *ambienti naturali-fiume* 28
pesce luna, *ambienti naturali-mare* 33
pesce persico, *ambienti naturali-fiume*..........................28
pesce San Pietro, *ambienti naturali-mare* 33
pesce spada, *ambienti naturali-mare*..............................33
peschereccio, *trasporti via acqua*....................................97
pesi, *palestra*..38
pesi, *sport-atletica* 41
pestello, *laboratorio chimico*..86
petroliera, *estrazione del petrolio* 10
petrolio, *estrazione del petrolio* 10
pettine, *casa-bagno*..63
pialla, *arnesi da lavoro* 79
pianoforte, *musica* 109
pianoterra, *casa* 58
pianta, *elementi di architettura*..56
piantaggine, *ambienti naturali-prato*................................23
pianura, *paesaggi geografici-montagna* 12
piastrella, *casa-bagno*..63
piattaforma, *sport-nuoto*..45
piattaforma di lancio, *ricerca spaziale*............................89
piattaforma di trivellazione sottomarina,
  estrazione del petrolio 10
piatti, *musica* 111
piatto, *casa-cucina* 60
piatto, *diffusione, registrazione e trasmissione del suono*...101
piazzale di sosta, *trasporti via aria* 96
picchio, *ambienti naturali-bosco di conifere* 16
piccone, *cantiere edile* 77
piccone, *miniera* 7
piccozza, *sport-alpinismo*..40
piede, *corpo umano* 34
piedistallo, *circo*..118
piega, *cucito*..53
PIETRE PREZIOSE 5
pigiama, *abbigliamento*..50
pignatta, *cantiere edile*..77
pilastro, *elementi di architettura* 56
pillola, *ambulatorio medico*..87
pilone, *estrazione del petrolio* 10
pilota, *sport-deltaplano, parapendio*................................48
pilota, *trasporti via aria* 96
ping-pong, *gioco*..121
pino cembro, *ambienti naturali-bosco di conifere*..........17
pino marittimo, *ambienti naturali-macchia mediterranea* 21
pino marittimo, *ambienti naturali-mare*..........................32
pino mugo, *ambienti naturali-zone alpine d'alta quota*........14
pino silvestre, *ambienti naturali-bosco di conifere*..........16, 17
pinza, *ambulatorio medico* 87
pinza, *arnesi da lavoro* 79
pinza, *laboratorio chimico*..86
pinzatrice, *ufficio* 82
piombino, *ufficio postale*..83

pioppo, *ambienti naturali-fiume* 28
pipetta, *laboratorio chimico* 86
piscina, *sport-nuoto*..45
piselli, *coltivazioni-ortaggi* 69
pista, *circo*..118
pista, *sport-atletica*..41
pista, *trasporti via aria*..96
pista ciclabile, *città*..57
PITTURA 112-113
plafoniera, *casa-bagno*..63
plaid, *casa-camera da letto*..62
platea, *teatro* 116
plenilunio, *astronomia* 1
plinto, *palestra*..38
Plutone, *astronomia* 1
pluviografo, *meteorologia*..4
pneumatico, *trasporti via terra-automobile*....................90
podio, *musica*..111
poggiafreccia, *sport-tiro con l'arco* 47
poggiatesta, *trasporti via terra-automobile*....................90
pollaio, *fattoria*..65
polipo, *ambienti naturali-mare*..33
polmoni, *corpo umano* 36
polpaccio, *corpo umano* 34
polsini, *abbigliamento*..52
polso, *corpo umano* 34
poltrona, *casa-salotto*..59
poltrona, *teatro* 116
poltroncina, *bar*..81
poltrone, *cinema*..117
pomo, *sport-scherma*..47
pomodoro, *coltivazioni-ortaggi*..69
pompa, *estrazione del petrolio* 10
pompa, *pompieri*..88
pompa irroratrice a spalla, *giardinaggio* 74
pompelmo, *coltivazioni-frutta*..70
pompetta, *giardinaggio*..75
POMPIERI..88
pompieri, *trasporti via aria*..96
ponente, *meteorologia* 4
ponte, *trasporti via acqua*..98
ponteggio, *cantiere edile*..76
poppa, *sport-vela, windsurf*..49
poppa, *trasporti via acqua*...98
porcile, *fattoria* 66
porfido, *rocce* 5
porro, *coltivazioni-ortaggi*..69
porta, *casa* 58, 62
porta, *sport-calcio*..42
portabagagli, *trasporti via terra-su rotaia* 95
portaerei, *trasporti via acqua*..97
portafinestra, *casa*..58
portaombrelli, *casa*..62
portaprovette, *laboratorio chimico*..................................86
portasciugamani, *casa-bagno*..63
portellone, *trasporti via terra-automobile*......................90
portico, *casa* 58
portico, *elementi di architettura* 56
portiera, *trasporti via terra-automobile*..........................90
portiere, *sport-calcio*..42
porto, *trasporti via acqua* 98
posate, *casa-cucina*..60
posteggio auto, *città*..57
postino, *ufficio postale* 83
pozzo, *miniera*..6
pozzo petrolifero, *estrazione del petrolio* 10
prato, *ambienti naturali* 22-23
prato, *giardinaggio*..74
pratolina, *ambienti naturali-prato*....................................23
presa, *casa-bagno* 63

prestigiatore, *circo*..119
prezzemolo, *coltivazioni-erbe aromatiche*...........................72
primo piano (PP), *fotografia-linguaggio fotografico*............107
primula, *ambienti naturali-prato*....................................22
processionaria, *ambienti naturali-bosco di conifere*............16
proiettore, *cinema* 117
proiettore, *teatro*..116
proiettore per diapositive, *fotografia-strumenti*.................106
proiettore per diapositive, *scuola* 84
promontorio, *paesaggi geografici-mare* 11
protezione del petto, *sport-tiro con l'arco* 47
provetta, *laboratorio chimico*.......................................86
prua, *sport-vela, windsurf*..49
prua, *trasporti via acqua*...98
prugna, *coltivazioni-frutta*..70
pube, *corpo umano* 34
pulce d'acqua, *ambienti naturali-stagno*..........................31
pulcinella di mare, *ambienti naturali-ghiacci e tundra artica*....13
pulcini, *fattoria*...66
pullman, *trasporti via terra*...94
pullover, *abbigliamento* 51
pulsante, *informatica*...108
punta, *sport-deltaplano* 48
punta, *sport-tiro con l'arco*..47
punta del trapano, *arnesi da lavoro* 78
puntaspilli, *cucito*...54
puntina,
    diffusione, registrazione e trasmissione del suono.........101
punto, *cucito*..54
punto metallico, *ufficio*..82
punzone, *arnesi da lavoro* 78
pupazzo, *gioco* 120
pupilla, *corpo umano* 37
putter, *sport-golf*..44
puzzle, *gioco* 120
quaderni, *scuola*..85
quadro, *casa-sala da pranzo*......................................59
quadro svedese, *palestra*...39
quaglia, *ambienti naturali-prato*....................................22
quarzo, *rocce* 5
quercia, *ambienti naturali-bosco di latifoglie* 18
quercia da sughero,
    ambienti naturali-macchia mediterranea 20
quetzal, *ambienti naturali-foresta tropicale* 25
quinte, *teatro* 116
quotidiano, *stampa*..100
racchetta, *sport-sci*..46
racchetta, *sport-tennis*..44
raccoglitori, *ufficio* 82
radar, *trasporti via acqua* 98
radiatore, *trasporti via terra-automobile* 91
radiazione solare, *energia*..8
radio, *corpo umano* 35
radio, *telecomunicazioni-radio, televisione* 105
radiosveglia, *casa-camera da letto*...............................62
radiotelescopio, *astronomia*..2
raffineria, *estrazione del petrolio*..................................10
raggi, *trasporti via terra-bicicletta*.................................90
raggio laser,
    diffusione, registrazione e trasmissione del suono.........101
ragno, *ambienti naturali-foresta tropicale*......................25
ragno, *ambienti naturali-bosco di conifere* 16
ramarro, *ambienti naturali-prato*...................................22
ramo, *giardinaggio*..74
ramoscello, *giardinaggio* 74
ramponi, *sport-alpinismo*...40
rana, *ambienti naturali-foresta tropicale*........................25
rana, *sport-nuoto*..45
rana verde, *ambienti naturali-stagno*............................31
randa, *sport-vela* 49

ranuncolo d'acqua, *ambienti naturali-stagno* 30
ranuncolo dei ghiacciai,
    ambienti naturali-zone alpine d'alta quota....................14
rapa, *coltivazioni-ortaggi* 69
rasoio, *casa-bagno*..63
raspa, *arnesi da lavoro*...79
raspa, *scultura-arnesi*...115
rastrello, *fattoria* 66
rastrello, *giardinaggio*...75
ravanelli, *coltivazioni-ortaggi* 69
razzo, *ricerca spaziale* 89
re, *giochi di società* 122
recinto, *fattoria* 66
redini, *sport-equitazione*...43
reggicalze, *abbigliamento*...52
reggiseno, *abbigliamento* 52
regina, *giochi di società*..122
regista, *teatro* 116
registratore a cassetta, *scuola* 84
registratore di cassa, *supermercato*..............................80
REGISTRAZIONE DEL SUONO...................................101
remo, *trasporti via acqua*..97
rene, *corpo umano*..36
renna, *ambienti naturali-ghiacci e tundra artica* 13
respingenti, *trasporti via terra-su rotaia*.........................95
rete, *sport-calcio*...42
rete, *sport-tennis*...44
rete di sicurezza, *circo* 118
rètina, *corpo umano* 37
retina, *sport-pallacanestro*..42
ribes, *coltivazioni-frutta*...70
riccio, *ambienti naturali-mare*......................................33
riccio, *ambienti naturali-prato* 23
RICERCA SPAZIALE...89
ricetrasmettitore, *telecomunicazioni-radio, televisione*......105
riflettore, *teatro* 116
riflettori, *circo*..118
riflettori, *telecomunicazioni-radio, televisione*................104
rigogolo, *ambienti naturali-macchia mediterranea* 20
rimessa, *casa* 58
rimorchiatore, *trasporti via acqua*................................98
rimorchio, *trasporti via acqua*......................................92
rimorchio, *trasporti via terra-su rotaia* 95
ringhiera, *casa*..62
rinoceronte, *ambienti naturali-savana* 26
ripiano, *casa-camera da letto*.....................................62
riso, *supermercato*..80
risvolto, *abbigliamento* 52
riva, *paesaggi geografici-fiume* 12
riviera, *sport-equitazione*..43
riviste, *stampa*..100
ROCCE..5
rocchetto di filo, *cucito*...54
rododendro, *ambienti naturali-zone alpine d'alta quota* 15
roncola, *fattoria* 66
roncola, *giardinaggio*...75
rondella, *arnesi da lavoro* 79
rosa dei venti, *meteorologia* 4
rosa selvatica, *ambienti naturali-bosco di latifoglie*........19
rosmarino, *coltivazioni-erbe aromatiche*.......................72
rosmarino, *ambienti naturali-macchia mediterranea*...........20
rotaia, *miniera* 6
rotella, *sport-sci*..46
rotore, *energia* 8
rotula, *corpo umano*...35
roulotte, *trasporti via terra* 93
rubinetto, *casa-bagno* 63
rubino, *pietre preziose* 5
rullino, *fotografia-strumenti*.......................................106
rullo, *giardinaggio*..75

ruota libera, *trasporti via terra-bicicletta, automobile* 90, 91
ruscello, *paesaggi geografici-fiume*..12
ruta, *coltivazioni-erbe aromatiche* 72
sabbia, *cantiere edile* 76
sacca, *sport-golf*...44
sacchetto per la spesa, *supermercato* 80
sacco postale, *ufficio postale* 83
sala cinematografica, *cinema*..117
sala d'aspetto, *trasporti via terra-su rotaia* 95
sala da pranzo, *casa* 59
sala di controllo, *energia* 9
sala di regia, *telecomunicazioni-radio, televisione*.............104
salamandra, *ambienti naturali-ghiacci e tundra artica*.........13
salice, *ambienti naturali-fiume*...28
salice piangente, *ambienti naturali-stagno*...........................31
saliera, *casa-cucina* 60
salmerino, *ambienti naturali-fiume* 28
salopette, *abbigliamento* 50
salotto, *casa* 59
salto con l'asta, *sport-atletica*..41
salto in alto, *sport-atletica* 41
salvagente, *città* 57
salvia, *coltivazioni-erbe aromatiche* 72
salvietta, *casa-bagno* 63
sanguisuga, *ambienti naturali-stagno* 31
saponetta, *casa-bagno*..63
sarago, *ambienti naturali-mare* 33
sardina, *ambienti naturali-mare*...33
sartie, *sport-vela*..49
sarto, *cucito* 53
sassofono, *musica* 110
satellite artificiale, *ricerca spaziale* 89
satellite meteorologico, *meteorologia*.....................................3
Saturno, *astronomia*..1
savana, *ambienti naturali* 26
sbarra, *palestra* 38
scacchi, *giochi di società*..122
scacchiera, *giochi di società* 122
scaffalatura, *supermercato*...80
scaffale, *scuola* 84
scaffale, *ufficio* 82
scafo, *sport-vela* 49
scafo, *trasporti via acqua* 98
scala, *cantiere edile* 76
scala, *casa* 62
scala, *circo* 118
scala, *pompieri* 88
scalino, *casa-ingresso*..62
scalpelli, *estrazione del petrolio* 10
scalpello, *arnesi da lavoro*..79
scalpello, *cantiere edile* 77
scalpello, *miniera* 7
scalpello, *scultura-arnesi*..115
scambio, *trasporti via terra-su rotaia*...................................95
scapola, *corpo umano*..35
scarabeo, *ambienti naturali-prato* 23
scarpa, *sport-golf, tennis*..44
scarpe, *abbigliamento* 52
scarpe da ginnastica, *abbigliamento* 50
scarpetta, *sport-alpinismo* 40
scarpetta, *sport-atletica* 41
scarpetta, *sport-calcio*..42
scarpetta, *sport-sci di fondo* 46
scarpone, *sport-alpinismo* 40
scarpone, *sport-sci, snowboard* 46
scatolame, *supermercato* 80
scavo, *miniera* 6
scena, *teatro* 116
scenario, *teatro* 116
scenografo, *teatro* 116

scheda magnetica, *telecomunicazioni-telefono* 103
schedario, *ufficio* 82
scheletro, *corpo umano*..35
scherma, *sport* 47
schermi radar, *trasporti via aria*..96
schermidore, *sport-scherma* 47
schermo, *casa-salotto* 59
schermo, *cinema* 117
schermo, *informatica* 108
schermo, *telecomunicazioni-radio, televisione*..................104
schiacciapatate, *casa-cucina* 61
sci, *sport*..46
sciabola, *sport-scherma* 47
scialle, *abbigliamento*...51
scialuppe di salvataggio, *trasporti via acqua*......................98
sciame, *apicoltura* 73
sciarpa, *abbigliamento* 53
sciatore, *sport-sci*...46
scimmia, *ambienti naturali-foresta tropicale*........................25
scirocco, *meteorologia*...4
sciroppo, *ambulatorio medico* 87
scisto, *rocce* 5
scivolo, *gioco*..120
sclera, *corpo umano*...37
scodella, *casa-cucina* 61
scoglio, *paesaggi geografici-mare* 11
scoiattolo, *ambienti naturali-bosco di conifere* 17
scoiattolo, *ambienti naturali-bosco di latifoglie*...................18
scolapiatti, *casa-cucina* 60
scontrino, *bar*..81
scontrino, *supermercato*...80
scooter, *trasporti via terra* 92
scopa, *casa-pulizia* 64
scopa metallica, *giardinaggio* 75
scorpione, *ambienti naturali-deserto* 27
scrivania, *ufficio* 82
scroto, *corpo umano* 34
SCULTURA 114-115
scultura a tutto tondo, *scultura* 114
scultura in legno, *scultura* 114
SCUOLA 84-85
secchiello, *gioco*...120
secchiello da ghiaccio, *bar*...81
secchio, *casa-pulizia* 64
secchio da calce, *cantiere edile* 77
sedano, *coltivazioni-ortaggi*..68
sedia, *casa-sala da pranzo* 59
sedia girevole, *ufficio*..82
sedie, *bar* 81
sedile, *trasporti via terra-su rotaia*.......................................95
sedili, *trasporti via terra-automobile* 7
sega, *arnesi da lavoro*..78, 79
sega, *giardinaggio*..74
seggiovia, *trasporti via terra-su filo e su rotaia*...................94
seghetto, *arnesi da lavoro*..79
seghetto, *scultura-arnesi*..115
segreteria telefonica, *telecomunicazioni-telefono* 102
selce, *rocce*...5
selezionatrice, *ufficio postale* 83
sella, *sport-equitazione*...43
sella, *trasporti via terra-bicicletta, motocicletta* 90
semaforo, *città*..57
semaforo, *trasporti via terra-su rotaia* 95
semi, *giardinaggio* 74
seminatrice, *fattoria*..67
seno, *corpo umano* 34
sentiero, *giardinaggio*...74
serbatoi, *trasporti via acqua* 98
serbatoio, *estrazione del petrolio* 10
serbatoio, *trasporti via terra-automobile* 91

serbatoio, *trasporti via terra-motocicletta* 90
serra, *giardinaggio* 74
serratura, *casa-ingresso* 62
setaccio, *giardinaggio* 74
setaccio, *gioco* 120
sfigmomanometro, *ambulatorio medico* 87
sgabello, *bar* 81
sgabello, *musica* 109
sgombro, *ambienti naturali-mare* 33
sgorbia, *arnesi da lavoro* 79
sgorbia, *scultura-arnesi* 115
siepe, *giardinaggio* 74
silenziatore, *trasporti via terra-motocicletta* 90
silo per cemento, *cantiere edile* 76
silos, *trasporti via acqua* 98
sipario, *teatro* 116
siringa, *ambulatorio medico* 87
ski-lift, *trasporti via terra-su filo e su rotaia* 94
slip, *abbigliamento* 50, 52
smeraldo, *pietre preziose* 5
smielatore, *apicoltura* 73
smoking, *abbigliamento* 52
snowboard, *sport* 46
soffitto, *casa-sala da pranzo* 59
soggetto, *fotografia-linguaggio fotografico* 107
soglia, *casa* 58
soldanella, *ambienti naturali-zone alpine d'alta quota* 14
Sole, *astronomia* 1
sommario, *stampa-giornale* 99
sonda, *estrazione del petrolio* 10
sopracciglio, *corpo umano* 35
soprammobile, *casa-salotto* 59
sorgente, *paesaggi geografici-fiume* 12
sottogola, *sport-equitazione* 43
sottopancia, *sport-equitazione* 43
sottotitolo, *stampa-giornale* 99
sottoveste, *abbigliamento* 52
spada, *sport-scherma* 47
spago, *ufficio postale* 83
spalla, *corpo umano* 34
spalliera, *palestra* 38
spalti, *sport-calcio* 42
spartito, *musica* 109
sparviere, *cantiere edile* 77
sparviero, *ambienti naturali-zone alpine d'alta quota* 15
spatola, *laboratorio chimico* 86
spaventapasseri, *fattoria* 65
SPAZIO E TERRA 1-33
spazzola, *casa-bagno* 63
spazzola, *casa-pulizia* 64
spazzolino da denti, *casa-bagno* 63
spazzolino da unghie, *casa-bagno* 63
spazzolone, *casa-pulizia* 64
specchietto retrovisore, *trasporti via terra-automobile* 91
specchio, *astronomia* 2
specchio, *casa-bagno* 63
specchio, *sport-pallacanestro* 42
sperone, *sport-equitazione* 43
spettatori, *teatro* 116
spia, *informatica* 108
spiaggia, *paesaggi geografici-mare* 11
spie, *trasporti via terra-automobile* 91
spilla di sicurezza, *cucito* 54
spillo, *cucito* 54
spina, *casa-pulizia* 64
spinaci, *coltivazioni-ortaggi* 68
SPORT 40-49
sportelli, *trasporti via terra-su rotaia* 95
spremiagrumi, *bar* 81
spremiagrumi, *casa-cucina* 61

spruzzetta, *laboratorio chimico* 86
spugna, *ambienti naturali-mare* 33
squalo, *ambienti naturali-mare* 33
stadio, *sport-atletica* 41
stadio, *sport-calcio* 42
staffa, *corpo umano* 37
staffa, *sport-equitazione* 43
stagno, *ambienti naturali* 30-31
stalla, *fattoria* 65
stambecco, *ambienti naturali-zone alpine d'alta quota* 15
STAMPA 99-100
stampante, *informatica* 108
statua, *scultura* 114
stazione ferroviaria, *trasporti via terra-su rotaia* 95
stecca, *gioco* 121
stecche, *scultura-arnesi* 115
stella alpina, *ambienti naturali-zone alpine d'alta quota* .. 14
stella marina, *ambienti naturali-mare* 32
Stella Polare, *astronomia* 1
stendibiancheria, *casa-pulizia* 64
sterna, *ambienti naturali-ghiacci e tundra artica* 13
sterno, *corpo umano* 35
stetoscopio, *ambulatorio medico* 87
steward, *trasporti via aria* 96
stile libero, *sport-nuoto* 45
stili di nuoto, *sport-nuoto* 45
stipite, *casa* 62
stiva, *trasporti via acqua* 98
stivale, *sport-equitazione* 43
stoffa, *cucito* 54
stomaco, *corpo umano* 36
strato, *meteorologia* 3
stratocumulo, *meteorologia* 3
stringhe, *abbigliamento* 52
strisce pedonali, *città* 57
strofinaccio, *casa-pulizia* 64
strumenti a corda, *musica* 109
strumenti a fiato, *musica* 110
strumenti a percussione, *musica* 111
strumenti ad aria, *musica* 110
struzzo, *ambienti naturali-savana* 26
studio televisivo, *telecomunicazioni-radio, televisione* ... 104
subbia, *scultura-arnesi* 115
suoneria, *telecomunicazioni-telefono* 102
SUPERMERCATO 80
supposta, *ambulatorio medico* 87
susina, *coltivazioni-frutta* 70
sussidi didattici, *scuola* 84
tabellone segnapunti, *sport-pallacanestro* 42
tacchetti, *sport-calcio* 42
tacchino, *fattoria* 66
tachimetro, *trasporti via terra-automobile* 91
tagliacarte, *ufficio* 82
tagliaerba, *giardinaggio* 74
tagliere, *casa-cucina* 61
tailleur, *abbigliamento* 51
talpa, *ambienti naturali-prato* 22
tamburelli, *gioco* 120
tamburello, *musica* 111
tamburo, *musica* 111
tamerice, *ambienti naturali-macchia mediterranea* 21
tampone, *ufficio* 82
tampone, *ufficio postale* 83
tapparella, *casa* 58
tappetino, *casa-bagno* 63
tappeto, *casa-camera da letto* 62
tappeto, *casa-salotto* 59
tappezzeria, *casa-camera da letto* 62
tappo del serbatoio, *trasporti via terra-automobile* 91
tarassaco, *ambienti naturali-prato* 23

targa, *trasporti via terra-automobile* 91
tarso, *corpo umano* 35
tartaruga, *ambienti naturali-foresta tropicale*.........25
tartaruga d'acqua, *ambienti naturali-stagno*.........30
tasca, *abbigliamento* 52
taschino, *abbigliamento* 52
tasso, *ambienti naturali-bosco di latifoglie* 18
tasti di comando,
   diffusione, registrazione e trasmissione del suono........101
tastiera, *informatica*.......................................108
tastiera, *musica* 109
tastiera, *telecomunicazioni-telefono*..................102
tasto, *telecomunicazioni-radio, televisione*..........104
tatto, *corpo umano* 37
tavola, *sport-windsurf*......................................49
tavolino, *bar*..81
tavolino, *casa-salotto* 59
tavolo, *casa-sala da pranzo* 59
tavolozza, *pittura-strumenti*.............................113
taxi, *città*..57
tazza, *casa-cucina* 61
tazzina da caffè, *bar*.......................................81
TEATRO 116
teatro dei burattini, *teatro*...............................116
tee, *sport-golf*..44
tegame, *casa-cucina*.......................................61
teglia, *casa-cucina* 61
tegola, *casa*...58
tegole, *cantiere edile* 77
teiera, *casa-cucina*...61
tela, *pittura-strumenti* 113
tela smerigliata, *scultura-arnesi* 115
telaio, *apicoltura*..73
telaio, *casa*..58
telaio, *trasporti via terra-bicicletta, motocicletta* 90
telecamera, *telecomunicazioni-radio, televisione*.............104
telecomando, *telecomunicazioni-radio, televisione*.............104
TELECOMUNICAZIONI 102-105
teleferica, *trasporti via terra-su filo e su rotaia* 94
telefono, *casa-ingresso*...................................62
telefono, *ufficio*..82
telefono, *telecomunicazioni-telefono*..........102, 103
telegramma, *ufficio postale*..............................83
telescopio, *astronomia*.....................................2
televisore, *casa-salotto* 59
televisore, *scuola*...84
televisore, *telecomunicazioni-radio, televisione*.............104
telo da salvataggio, *pompieri* 88
temolo, *ambienti naturali-fiume*........................29
temperino, *scuola*...85
tempia, *corpo umano* 35
tempio, *elementi di architettura*.........................56
tenaglia, *arnesi da lavoro* 78, 79
tenda, *casa-bagno* 63
tenda, *casa-camera da letto*............................62
tenda indiana, *abitazioni* 55
tendone, *circo*..117
tennis, *sport*...44
tergicristallo, *trasporti via terra-automobile* 90
termite, *ambienti naturali-savana* 26
termometro, *ambulatorio medico* 87
termometro, *laboratorio chimico*........................86
termometro, *meteorologia* 3
termosifone, *casa-camera da letto*...................62
Terra, *astronomia*...1
terrazzo, *casa*..58
terrina, *casa-cucina*..61
tessera, *giochi di società*...............................122
testa, *corpo umano* 34
testa del martello, *arnesi da lavoro* 79

testata, *casa-camera da letto*..........................62
testata, *stampa-giornale*..................................99
testata, *trasporti via terra-automobile*...............91
testina,
   diffusione, registrazione e trasmissione del suono..........101
tetto, *casa*...58
tettoia, *casa*...58
tettuccio, *trasporti via terra-automobile* 90
tibia, *corpo umano*..35
tifosi, *sport-calcio* 42
timbro, *ufficio*...82
timbro, *ufficio postale* 83
timo, *ambienti naturali-macchia mediterranea* 20
timo, *coltivazioni-erbe aromatiche*....................72
timone, *sport-vela*..49
timone, *trasporti via acqua*..............................98
timpano, *corpo umano* 37
timpano, *musica*...111
tinca, *ambienti naturali-fiume*..........................29
tiro con l'arco, *sport*..47
titolo, *stampa*...100
titolo, *stampa-giornale*.....................................99
tombola, *giochi di società*..............................122
tonno, *ambienti naturali-mare* 32
topazio, *pietre preziose*.....................................5
topo canguro, *ambienti naturali-deserto*...........27
torace, *corpo umano* 34
tornio, *arnesi da lavoro*...................................79
toro, *fattoria* 65
torre, *giochi di società* 122
torre di controllo, *trasporti via aria*....................96
torre di raffreddamento, *energia*........................9
torre di trivellazione, *estrazione del petrolio*........10
torrente, *paesaggi geografici-montagna* 12
torretta, *telecomunicazioni-radio, televisione*.............104
tortiera, *casa-cucina*.......................................61
tostapane, *bar*..81
tostapane, *casa-cucina*...................................61
tovaglia, *casa-cucina*......................................60
tovagliolo, *casa-cucina*...................................60
trachea, *corpo umano*.....................................36
traforo, *gioco*..121
traghetto, *trasporti via acqua*...........................97
traguardo, *sport-atletica*..................................41
traliccio, *circo*...118
tram, *trasporti via terra-su filo e su rotaia*..........94
tramontana, *meteorologia*.................................4
trampolino, *sport-nuoto* 45
trapano, *arnesi da lavoro* 78
trapano a corda, *scultura-arnesi* 115
trapezio, *sport-deltaplano*................................48
trapezio volante, *circo*...................................119
trapezista, *circo*..119
trasformatore, *energia*......................................8
TRASMISSIONE DEL SUONO 101
TRASPORTI 90-98
trasporti su filo e su rotaia, *trasporti via terra*......94
TRASPORTI VIA ACQUA 97-98
TRASPORTI VIA ARIA 96
TRASPORTI VIA TERRA 90-95
trattore, *fattoria*..67
trave, *casa-sala da pranzo*..............................59
trave, *elementi di architettura*..........................56
trave, *palestra*..39
traversa, *sport-calcio*......................................42
traversine, *trasporti via terra-su rotaia* 95
travertino, *rocce*...5
travi, *cantiere edile*..76
trenino elettrico, *gioco*...................................121
treno, *trasporti via terra-su filo e su rotaia*.........94

triangolo, *musica* 111
tribuna, *sport-calcio* 42
tricheco, *ambienti naturali-ghiacci e tundra artica* 13
triciclo, *gioco* 120
tridente, *fattoria* 66
trifoglio, *ambienti naturali-prato* 23
trinciapollo, *casa-cucina* 61
tritacarne, *casa-cucina* 60
tritaghiaccio, *bar* 81
tritone, *ambienti naturali-stagno* 31
trivella, *miniera* 6
tromba, *musica* 110
tromba di Eustachio, *corpo umano* 37
trombone, *musica* 110
tronco, *corpo umano* 34
tronco, *giardinaggio* 74
trota, *ambienti naturali-fiume* 29
trotto, *sport-equitazione* 43
trottola, *gioco* 120
trullo, *abitazioni* 55
tubo, *casa-camera da letto* 62
tubo, *estrazione del petrolio* 10
tubo di scappamento, *trasporti via terra-automobile* 91
tubo di scarico, *casa* 58
tubo di scarico, *trasporti via terra-motocicletta* 90
tubo irroratore, *giardinaggio* 75
tucano, *ambienti naturali-foresta tropicale* 25
tucul, *abitazioni* 55
tuffo, *sport-nuoto* 45
tundra artica, *ambienti naturali* 13
turbina, *energia* 8
tuta anticalore, *pompieri* 88
tuta da sci, *sport-sci* 46
tuta spaziale, *ricerca spaziale* 89
uccello tessitore, *ambienti naturali-savana* 26
udito, *corpo umano* 37
UFFICIO 82
UFFICIO POSTALE 83
ulna, *corpo umano* 35
unghia, *scultura-arnesi* 115
unità centrale, *informatica* 108
uovo, *apicoltura* 73
uovo, *fattoria* 65
upupa, *ambienti naturali-macchia mediterranea* 20
Urano, *astronomia* 1
uscita di sicurezza, *cinema* 117
uva, *coltivazioni-frutta* 70
vaglia, *ufficio postale* 83
vagoncino, *miniera* 6
vagone merci, *trasporti via terra-su rotaia* 95
valico, *paesaggi geografici-montagna* 12
valle, *paesaggi geografici-montagna* 12
vanga, *fattoria* 66
vanga, *giardinaggio* 75
vano portaoggetti, *trasporti via terra-automobile* 91
vaporizzatore, *bar* 81
vaporizzatore, *giardinaggio* 75
vasca, *casa-bagno* 63
vaschette, *bar* 81
vassoio, *casa-cucina* 61
vela, *sport-deltaplano, parapendio* 48
vela, *sport-windsurf* 49
vele, *sport-vela* 49
vena, *corpo umano* 36
Venere, *astronomia* 1
venti, *meteorologia* 4

verdura, *supermercato* 80
versante, *paesaggi geografici-montagna* 12
vertebra, *corpo umano* 35
verza, *coltivazioni-ortaggi* 68
vescica, *corpo umano* 36
vespa, *ambienti naturali-prato* 22
vestaglia, *abbigliamento* 52
vestito, *abbigliamento* 50
vetrina frigorifera, *supermercato* 80
vetrina, *bar* 81
vetrino, *laboratorio chimico* 86
vetro, *casa* 58
vetta, *paesaggi geografici-montagna* 12
vibrafono, *musica* 111
videocassetta, *telecomunicazioni-radio, televisione* 105
videocitofono, *telecomunicazioni-telefono* 103
videogioco, *gioco* 121
videoregistratore, *scuola* 84
videoregistratore, *telecomunicazioni-radio, televisione* 105
videotelefono, *telecomunicazioni-telefono* 102
vigile, *città* 57
VIGILI DEL FUOCO 88
vigneto, *fattoria* 65
villa, *abitazioni* 55
villette a schiera, *abitazioni* 55
vino, *supermercato* 80
viola, *musica* 109
violetta, *ambienti naturali-prato* 23
violino, *musica* 109
violoncello, *musica* 109
vipera, *ambienti naturali-deserto* 27
vipera, *ambienti naturali-zone alpine d'alta quota* 15
visore, *telecomunicazioni-radio, televisione* 104
vista, *corpo umano* 37
vitello, *fattoria* 65
viti, *arnesi da lavoro* 79
vocabolario, *scuola* 85
vogatore, *palestra* 38
volante, *trasporti via terra-automobile* 91
volpe, *ambienti naturali-bosco di latifoglie* 19
volpe bianca, *ambienti naturali-ghiacci e tundra artica* 13
volta, *elementi di architettura* 56
vomere, *fattoria* 67
vulva, *corpo umano* 34
walkie-talkie, *telecomunicazioni-radio, televisione* 105
walkman,
  diffusione, registrazione e trasmissione del suono 101
water-closet, *casa-bagno* 63
windsurf, *sport* 49
xilofono, *musica* 111
yacht, *trasporti via acqua* 97
zaffiro, *pietre preziose* 5
zaino, *sport-alpinismo* 40
zanzara, *ambienti naturali-stagno* 31
zappa, *fattoria* 66
zappetta, *fattoria* 66
zebra, *ambienti naturali-savana* 26
zerbino, *casa* 58
zigomo, *corpo umano* 35
zoccolo, *casa-sala da pranzo* 59
zone alpine d'alta quota, *ambienti naturali* 14-15
zoom, *fotografia-strumenti* 106
zucca, *coltivazioni-ortaggi* 68
zuccheriera, *bar* 81
zuccheriera, *casa-cucina* 61
zucchina, *coltivazioni-ortaggi* 69

DALLA PAROLA

○ **cucina** (cu.ci.na) s.f. **1** stanza in cui si preparano e si fanno cuocere i cibi: *Il comandante ci ha permesso di visitare le cucine della nave. Quando non ci sono ospiti ceniamo in cucina.* **2** il cucinare, il tipo di cibo e la maniera in cui viene cucinato: *Il pollo alle mandorle è un piatto tipico della cucina cinese.* **3** fornello sul quale si fanno cuocere i cibi: *La mamma ha voluto cambiare la vecchia cucina a gas con una elettrica.* **4** i mobili che arredano la cucina: *La cucina nuova ha tutti gli elettrodomestici a incasso.* Ⓥ

[E] dal lat. tardo **cocìna**, der. del lat. class. **coquina**, der. di **còquere** "cuocere".

[S] gastronomia, arte culinaria (nel significato 2); fornello (nel significato 3).

☾ **soffriggere** (sof.frìg.ge.re) v. 2ᵃ con.irreg. **1** tr. far friggere a fuoco lento: *Ho soffritto le cipolle per fare il sugo.* **2** intr. friggere a fuoco lento: *Il burro soffrigge nel tegamino.*

[G] *io soffrìggo*, *tu soffrìggi*; si coniuga come **friggere**; aus. *avere*; il part.pass. **soffritto** è usato anche come sost.masch. col significato di "insieme triturato di cipolle e erbe odorose (comunemente sedano e carote) fatto soffriggere con olio e burro e, volendo, anche con pezzi di lardo o pancetta".

[E] comp. di **so-** che attenua il significato del verbo e **friggere**.

Se non conosci l'esatto
significato di alcuni
di questi verbi, torna al dizionario.
Questo percorso accresce le tue
conoscenze e arricchisce i tuoi discorsi.

PER
TRA LE
E LE

PER INTERAGIRE E CO

le parole che permettono di creare
rapporti per sostenere conversazioni sul tema

LA CUCINA

abbrustolire, affettare, affumicare, amalgamare, aromatizzare, arrostire, bollire, condire, cucinare, cuocere, dorare, far lievitare, farcire, fondere, friggere, frullare, glassare, gratinare, grattare, grattugiare, imburrare, impastare, incorporare, infornare, lessare, mescolare, montare a neve, oliare, pepare, rosolare, salare, scaldare, scolare, sfornare, snocciolare, soffriggere, spianare/stendere/tirare la pasta, stemperare, tagliare, tostare, tritare, ungere, zuccherare

LE COSTRUZIONI — la casa-la cucina

l'armadietto, la dispensa, lo scolapiatti, il frigorifero, il lavandino, i fornelli, la manopola, la griglia, la pattumiera, il grill, il tritacarne, il frullatore, il macinacaffè, la bilancia, la caffettiera, la lavastoviglie, un apriscatole, un accendigas, la saliera, la tovaglia, il forno a microonde, la forchetta, il piatto, le posate, il pensile, la mensola, il cestino, il girarrosto, il forno, il cavatappi, un apribottiglie, il bicchiere, il cucchiaio, il tovagliolo, il coltello